KB273169

지휘자의 소통법

지휘자의 소통법

MAESTRO
LEADERSHIP

소음을 화음으로 바꾸는

지휘자의 소통법

김진수 지음

매일경제신문사

탁월한 팀워크는 유능이 아닌 조화

성악 발성법 중에 '메사 디 보체(Messa di Voce)'라는 게 있다. 같은 음을 길게 끌면서 천천히 음량을 키웠다가 다시 줄여 마무리하는 기법으로, 18세기부터 성악가의 기량을 평가하는 중요한 기준이 됐다. 단순히 소리를 크게 했다가 작게 하는 것이 아니라, 음정은 유지한 채 소리의 질감만 조절해야 하므로 호흡 조절이 정교해야 한다. 감정을 극대화하는 데 꼭 필요한 발성법이다. 진자 운동을 떠올리면 이해하기 쉽다. 진자가 위로 올라갈 때는 속도가 줄고 내려올 때는 속도가 붙듯이, 소리도 위로 치솟을 때는 점차 약해지고 사그라들지만 내려오면서는 힘이 붙어서 살아있는 에너지를 전달한다. 음악도 물리적인 원리를 따르는 것이다.

지휘자의 지휘봉 또한 진자의 움직임과 닮았다. 자연스러운 흐름 속에서 크레셴도(crescendo, 점점 세게)와 데크레셴도(decrescendo, 점점 여리게)를 유도하는 지휘봉은 그저 음량을 지시하는 도구가 아닌 음악의 질감과 에너지를 드러내는 통로다. 청중은 소리만 들는 것이 아니라, 지휘자의 몸짓을 통해 생동감 넘치는 에너지를 느낀다. 결국 음악의 흐름과 생명력도 물리적 원리와 닿아 있고 지휘자의 몸을 거쳐 청중의 마음으로 전달된다. 일과 삶도 마찬가지다. 조직 안의 소통도 이와 다르지 않다. 강약과 완급을 조율하는 순간마다 더 깊은 울림을 만들어낸다. 힘을 줄 때와 뺄 때, 속도를 높일 때와 늦출 때를 아는 감각이 사람 사이의 흐름을 살리고 관계를 자연스럽게 이어준다.

이 지점에서 이런 질문을 던질 수 있다. 뛰어난 사람들이 많이 모이면 조직도 저절로 잘 굴러갈까? 오케스트라 지휘자의 가장 중요한 역량은 각각의 악기마다 지닌 고유한 특성을 정확히 이해하고 이를 하나의 음악으로 엮어내는 데 있다. 현악기의 활끝, 관악기의 혀끝, 타악기의 타점 하나까지 세밀히 살펴 음역에 따른 음색 변화를 직관적으로 읽어내야 한다. 그래야 모든 악기가 제 빛깔을 잃지 않으면서 하나의 하모니를 만들어내게 할 수 있다. 회사 조직도 똑같다. 다른 가치관과 삶의 방식을 지닌 이들이 함께 모여 일하는 공간이기 때문이다.

아무리 뛰어난 개인이 모였더라도 각자의 능력이 서로 조화를 이루지 못하면 유능함은 빛을 잃는다. 개인의 역량보다 훨씬 더 중요한 것은 그 역량이 모여 어떤 방식으로 작동하느냐다. 경영학의 구루 피터 드러커(Peter Drucker)도 "조직의 목적은 개인의 강점을 성과로 바꾸는 것"이라고 강조했다. 진정한 성과는 유능한 개인이 모인 데서 비롯되지 않는다. 원활하게 소통하고, 공동의 목표를 향해 협력하고, 서로 조화와 균형을 이룰 때 비로소 지속가능한 성과가 나오는 것이며, 조직 공동체의 의미도 여기에서 찾을 수 있다.

그래서 팀워크는 협업 이상의 의미를 띠게 된다. 팀워크는 조직 구성원의 신뢰를 바탕으로 감정과 갈등을 조율하고 관계를 설계하는 역량이다. 각자 일하는 방식과 속도가 다른 만큼 서로 다르다는 사실을 이해하고 조정하는 섬세함이 있을 때 진정한 팀워크가 이뤄진다. 나는 이 책에서 "함께 일한다는 것은 무엇인가?"라는 질문으로 출발해 사람과 사람이 어떻게 조화를 이루고, 그 과정에서 어떤 리더십과 소통법이 필요한지 구체적으로 설명할 것이다. 조직이 건강하게 작동하기 위한 원칙과 방법을 음악 등 다양한 사례를 들어 함께 짚어가고자 한다.

지휘자를 '마에스트로(maestro)'라고 부르는데, '대음악가'나 '명지휘자'를 뜻하기도 하지만 '어떤 분야에서 실력이 뛰어난 사람'

을 의미하는 용어이기도 하다. 누구든 자기 삶의 마에스트로가 될 수 있다. 자기 자신과 타인을 깊이 이해하고 서로 함께하는 공동체와 조화를 이루려는 모두가 삶의 지휘자다.

나는 음악 활동 강의 현장에서 수많은 조직의 사람들을 만나면서 '언제 힘을 주고 언제 힘을 빼야 하는지' 아는 게 성과만큼이나 중요하다는 사실을 거듭 확인했다. 달려야 할 때도 있고 멈춰야 할 때도 있다. 팀워크가 잘 작동하는 조직일수록 그 호흡과 리듬이 조화로웠다. 음악의 언어를 빌려 팀워크와 공동체 의식을 이야기하면 좋겠다는 생각이 들었다. 이 책의 차례도 그런 발상으로 구성했다. 책의 시작과 끝을 '서곡'과 '피날레'로 표현했고, '장(章)' 대신 '악장(樂章)'을 썼다.

제1악장은 '아다지오(Adagio)'다. 느린 속도로 연주하라는 뜻이지만 단순한 느림은 아니다. 음 하나하나가 제 색깔을 드러내고 서로의 소리가 스며드는 게 중요하다. 관계에서도 힘을 빼야 각자의 목소리가 살아나고 공동의 흐름이 만들어진다. 개인의 성과를 넘어 공동체가 유지되고 성장하기 위해 무엇이 필요한지 살펴볼 것이다.

제2악장은 '안단테(Andante)'다. 천천히 걷는 빠르기다. 조급함을 버리고 자기 기준과 리듬을 지키라는 메시지를 던진다. 불확실성이 지배하는 사회에서는 나도 모르게 남의 기준과 눈치를 보느라 방향을 잃기 십상이다. 세상의 흐름에 휩쓸리고 남과 비교하는 대신 자기 기준을 세우는 방법과, 불완전함을 인정하면서도 나답게 일하는 태도에 관해 다룰 것이다. 조직과 관계 속에서 나를 잃지 않는 사람만이 타인과도 건강한 거리를 유지할 수 있다.

제3악장은 '모데라토(Moderato)'다. 뚜벅뚜벅 걷는 보통 속도다. 이 책에서는 함께 일하는 '리듬'을 의미한다. 조직의 성과는 구성원 개인이 아닌 팀에서 나온다. 서로 다른 성향과 속도를 가진 사람들이 어떻게 한 팀으로 움직일 수 있는지, 팀워크와 협업이 조직에 어떤 시너지를 가져다주는지 살필 것이다. 차이를 없애려 하기보다, 각자의 역할을 분명히 하고 강점을 연결해야 하나 된 팀의 힘이 만들어진다.

제4악장은 '알레그로(Allegro)'다. 빠르고 경쾌한 속도다. 조직 전체가 살아서 움직이는 순간순간을 상징한다. 알레그로는 '리더십'의 영역이다. 앞선 세 악장에서 다룬 공동체 의식, 조직 속 개인, 하나 되는 팀을 위한 팀워크를 바탕으로 리더가 어떻게 방향을 제시하고 에너지를 모을 수 있는지 들여다본다. 혼자 앞서나가기보다 흐름을 살피고, 통제보다 조율을 우선시할 때 공동체는 더 멀리 도약할 수 있다.

'아다지오'에서 '알레그로'까지 음악의 빠르기가 변주되듯이, 조직의 템포(tempo) 또한 멈춰야 할 때, 걸어야 할 때, 속도를 맞춰야 할 때, 힘껏 달려야 할 때, 각각의 상황에 따라 달라져야 한다. 삶의 리듬도 음악에 빗대어 풀어낼 수 있다.

나는 공연 무대와 강의 현장에서 이런 원리를 수도 없이 목격했다. 결국 '소통'이 가장 중요했다. 음악을 지휘자 혼자 만드는 게 아닌 것처럼, 조직의 성과 역시 유능한 한 사람의 노력만으로 완성되지 않는다. 서로의 리듬을 듣고 존중하면서 함께 나아갈 때 비로소 진짜 하모니가 이뤄진다.

이 책은 내가 지휘자로서의 경험을 통해 얻은 삶의 리듬과 균형에 관한 기록이다. 자기 삶을 주체적으로 이끌어가고 싶은 모든 이들, 인간관계에서 어려움을 느끼는 사람, 처음으로 팀을 맡아 고민이 많은 초보 팀장, 조직을 이끄는 리더까지, 함께 일하고 함께 살아가는 사람들에게 필요한 통찰을 담았다. 모난 지휘자가 전하는 둥근 소통의 지혜가, 저마다 다른 모를 지닌 우리 모두의 삶 속에서 조화로운 울림으로 이어지기를 소망한다.

[*Contents*]

제3악장

모데라토: 뚜벅뚜벅, 나에서 우리로 이어지는 시너지

제4악장

알레그로: 빠르고 경쾌하게, 성장하는 조직을 위한 리더십

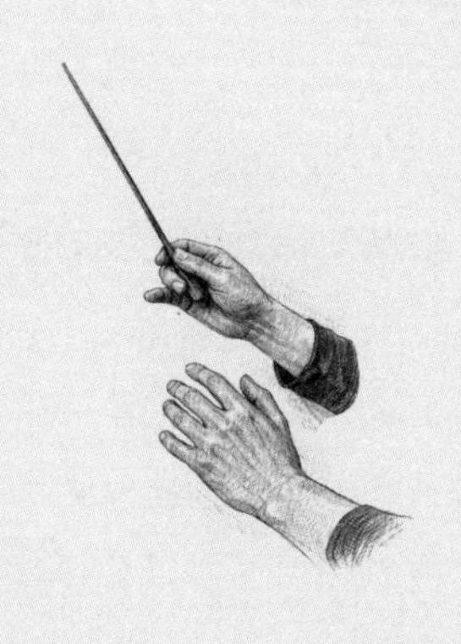

제1악장

아다지오
Adagio

힘을 빼고,
느려도
다 함께
앞으로

세상은 우리에게 끊임없이 재촉한다. 빠른 성과를 강요하는 사회에서 잠깐이라도 속도를 늦추거나 멈추면 곧장 뒤처지는 것만 같아 마음이 불안해진다. 그러나 진짜 중요한 순간은 역설적이게도 힘을 빼고 한 박자 늦출 때 찾아온다. 혼자가 아니라 함께 가야 할 때 더욱 그렇다.

'아다지오'는 단순히 느림만을 뜻하지 않는다. 음 하나하나가 제 빛깔을 온전히 드러내고, 서로의 소리에 깊이 스며들어 조화를 이루는 시간이다. 누군가 앞서나가거나 과하게 힘을 주면, 전체의 균형이 금세 무너진다. 합창에서 아다지오는 개인의 기량을 드러내는 순간이 아니라, 서로의 호흡을 듣고 맞추며 하나의 소리를 만들어가는 과정이다. 잘 부르는 게 아닌, 함께 흔들리지 않는 소리를 만들려는 자세가 중요하다.

사회와 조직에서도 마찬가지다. 내 목소리만 드높이려고 들면 불협화음이 난무하지만, 여유를 갖고 서로의 소리에 귀를 기울이면 조금씩 화음을 맞춰갈 수 있다. 이것이 공동체 의식이다.

제1악장 '아다지오'에서는 합창 지휘자로서의 경험을 바탕으로 힘을 빼고 속도를 조절하려는 태도가 공동체를 흔들림 없이 지켜내는 힘이 된다는 사실을 확인한다. 서로의 리듬을 존중하면서 보폭을 맞출 때, 공동체는 꿋꿋하게 앞으로 나아갈 수 있다.

준비된 우연,
점심시간 60분의 기적

사직서를 내고 막연함 속에 머물고 있을 무렵, 기업교육컨설팅 일을 함께했던 친구에게서 전화가 왔다. 대기업 P사 가을 운동회에서 부서별 장기자랑이 열리는데, 상금이 걸린 본선 무대에서 임원 다섯 분이 깜짝 퍼포먼스를 준비하고 싶다며 나를 찾았다는 이야기였다. 조건은 단 하나였다. 점심시간에, 한 시간씩, 총 여덟 번의 연습.

이 짧은 시간 안에 변화를 만들어낼 수 있을까? 나는 잠시 망설였지만, 그 순간이 내 인생의 새로운 박자를 여는 준비된 우연임을 직감했다.

다름을 지우면 에너지가 사라지고,
다름을 조율하면 에너지가 모인다

첫 연습 날. 임원들이 조심스러운 표정으로 들어왔다.

'이걸 꼭 해야 하나? 괜히 웃음만 사는 건 아닐까?'

그들의 표정에는 체면과 부담이 모두 담겨 있었다. 나는 그 분위기 속에서도 진지하게 첫 수업을 시작했다. 좋은 소리를 내기 위해 필요한 것은 재능이 아니라 세팅이다. 자세, 호흡, 후두 위치, 성대 접촉, 이 네 가지를 정확히 맞추는 게 음악의 출발이라고 설명했다.

그날 이후 연습은 늘 같은 방식으로 진행됐다. 원리를 배우고, 몸으로 익히고, 피드백으로 다듬는 루틴. 짧지만 규칙적으로 쌓이는 한 시간은 생각보다 빠르게 몸을 바꾸고 마음을 움직이기 시작했다. 연습곡은 두 곡이었다.

첫 곡은 〈넬라 판타지아(Nella Fantasia)〉였는데, 다섯 사람이 각각 다른 파트(성부)를 맡아 화음을 만들어야 해서 쉽지 않았다. 서로의 음이 부딪히고, 박자가 엇갈리고, 음정이 흔들렸다. 처음 며칠은 자기 파트를 외우는 것만으로도 벅찼다. 한 임원은 "내 목소리가 이렇게 컸나?" 하며 놀라워했고, 다른 임원은 "옆 사람 소리에 자꾸 끌려가요"라면서 어려움을 토로했다. 그랬는데 네 번째 연습을 할 때쯤 누군가 조용히 이렇게 말했다.

"어? 지금 화음이 맞은 것 같은데?"

그 순간 모두의 얼굴에 미소가 번졌다. 서로를 의식하며 움츠렸던 목소리들이 조금씩 자신감을 찾기 시작했다. 그때부터 연습은 '지시'가 아니라, 서로의 소리를 듣는 '경청'으로 움직였다. 음악이 '기술'이 아닌 '소통'의 과정으로 바뀌는 순간이었다. 서로의 음색을 맞춰가는 과정에서 비로소 '합(合)'이 만들어졌고, 그 작은 화음은 '팀'이라는 공동체가 형성되는 출발점이 됐다.

두 번째 곡은 〈나는 문제 없어〉였다. 한 사람이 먼저 솔로로 느린 템포의 "이 세상 위엔 내가 있고, 나를 사랑해주는 나의 사람들과 나의 길을 가고 싶어"를 부르는 순간에 쏟아질 청중, 즉 직원들의 함성이 내 귀에 자연스럽게 들려왔다.

솔로 파트를 맡은 임원이 처음엔 "나 혼자 부르는 건 너무 부담스러워요" 하며 조심스러워했지만, 다른 임원들이 "우리가 뒤에서 받쳐줄게요"라고 격려하자 조금씩 자신감을 얻었다. 점점 더 자신만의 색깔을 노래에 담기 시작했다.

이후에는 템포 전환과 간단한 안무를 더했고, 마지막에는 무대에서 내려와 직원들 사이로 걸어 들어가는 동선을 연습했다. 무대와 객석의 경계가 흐려지며, 음악은 '발표'가 아니라 '소통'으로 변해갈 터였다.

여덟 번의 점심시간이 지나자 임원들의 표정이 달라져 있었다. '할 수 있을까?'에서 '할 수 있다'로, 그리고 '함께하니 즐겁다'로 바뀌었다. 마지막 연습 날, 한 임원이 말했다.

"처음엔 점심시간이 아까웠는데, 이 시간이 기다려졌어요. 일하면서 이렇게 웃어본 게 얼마 만인지…."

드디어 발표날, 무대 뒤에서 그들의 노래를 듣는데 눈시울이 뜨거워졌다. 이처럼 감동은 결과의 완성도가 아니라 태도가 변화하는 순간에서 온다. 공연이 끝나고 "또 하고 싶다", "마음이 열린다", "하나가 된 느낌이었다", "처음엔 오그라들었지만 감동이었다"는 말들이 이어졌다. 단순한 합창이 아니라 서로의 마음을 조율한 시간이었다.

며칠 뒤 들려온 소식은 더 놀라웠다. 임원 중 한 명이 직접 인재창조원을 찾아가 "이 하모니 교육을 정식 과정으로 도입하자"고 제안했다는 것이었다. 그 결과 2025년 한 해 동안 하모니 교육을 무려 40회나 진행했다.

코로나 이후 굳어 있던 조직의 공기가 다시 흐르기 시작했고, 사람들은 오랜만에 서로의 목소리를 듣기 시작했다. 그때 나는 한 가지를 분명히 깨달았다. '같아지는' 훈련이 아니라 '맞춰지는' 훈련이 필요하다는 사실 말이다. 다름을 지우면 에너지가 사라지고, 다름을 조율하면 에너지가 모인다.

잘하는 게 아니라,
함께하는 게 중요하다

세대와 교육의 흐름이 바뀌고 있다. 이 변화의 흐름은 조직 내에서 팀장과 팀원, 선배와 후배 사이의 관계와 소통법에도 영향을 미친다. '잘하는 것'보다 '함께하는 것'의 가치가 중요해졌다. 다음은 내가 얼마 전 방송을 들으면서 메모한 지드래곤(G-Dragon)의 프로듀싱 원칙이다.

요즘 곡이 아니라 예전에 불렸던 곡일 것.
세대를 아우를 수 있는 곡일 것.
잘하는 게 중요한 게 아니라, 함께하는 게 중요하다.
각자의 '필'을 살려야 한다.

이 네 가지 원칙은 지금의 교육과 조직 문화가 향해야 할 방향을 정확히 짚고 있다. 내가 P사에서 처음 5차수 하모니 교육을 마치고 받았던 피드백과도 맞닿아 있다. 대체로 만족도는 높았지만, 몇몇 참가자들이 내게 이렇게 조언했다.

"강사님 에너지가 너무 강해서 조금 부담스러웠습니다."

그 말이 마음에 남았다. 코로나 이전까지만 해도 강사가 먼저 모든 것을 내려놓고 달려가면 교육생들은 자연스럽게 마음을 열고 따라왔다. 그것이 우리가 오랫동안 믿어온 방식이었다. 하지만 시대가 달라졌다. 이제는 누군가의 열정이 감동으로 전해지지 않고 오히려 부담으로 작용한다. 그보다는 공감의 거리를 조율해야 하는 시대다. 다음 차수 교육에서 나는 지드래곤의 인터뷰 영상을 오프닝으로 소개했다.

"잘하는 게 중요한 게 아니라, 함께하는 게 중요합니다."

이 한마디가 교육장의 공기를 완전히 바꿔놓았다. 방식이 달라지자 교육생들도 훨씬 편안하게 받아들였다. 강사의 열정 때문이 아닌, 함께 호흡하며 참여하고 있다는 감각을 느끼면서 적극성을 띠게 된 것이다. 이 경험은 내게 확신을 줬다. 코로나 이전에 조직은 하나의 틀 안에 모두를 맞추려 했지만, 이제는 각자의 '필'을 살리며 하나의 흐름을 만드는 시대라는 것을.

그리고 이 변화의 중심에는 '세대 감수성'이라는 새로운 요소가 있다. 교육의 방식이 달라진 것처럼 조직을 이루는 세대 역시 이전과는 다른 기준으로 관계를 받아들이기 시작한 것이다. MZ세대는 개성이 살아야 존재한다고 느낀다. 이제 교육도, 조직 활성화도, 달라져야 한다. 누군가를 틀에 맞춰 똑같이 만드는 교육이 아닌, 다름이 모여 하나의 리듬을 만들어가는 교육이어야 한다. 모두가 한 사람의 지시에 따라 움직이는 게 아니라, 각자의 역할이 전체 흐름에 어떻게 이바지하는지 스스로 인식하며 맞춰 가야 한다.

이 변화는 단순한 방식의 차이가 아니라 존재를 존중하는 전환이다. 누구의 음색도 억눌리지 않고 각자의 리듬이 전체의 하모니 속에서 제자리를 찾는 것, 그것이 지금 시대의 하모니 교육이며 MZ세대가 진심으로 반응하는 방식이다.

점심 60분, 여덟 번의 연습, 다섯 명의 화음… 그 안에는 음악보다 더 큰 울림이 있었다. 음악은 무대를 위한 기술이 아니었다. 서로 다른 사람들이 다시 '함께'의 감각을 회복하게 만드는 가장 효과적인 언어였다. 그 감각을 되찾는 순간 팀도 변화한다. 서로의 소리를 듣고 반응하며 조율하는 작은 경험이 조직에서의 협업 방식과 문제를 대하는 태도에까지 영향을 미치기 때문이다.

조직 활성화란 누군가를 틀에 맞추는 일이 아니라, 각자의 개성을 최대한 살려 조직 전체에 활력을 불어넣는 과정이라는 사실을 깨달았다. 모두가 같은 음을 내는 제창보다 다른 음색이 조화를 이루는 합창의 하모니가 훨씬 더 깊은 울림을 만든다. 그것이 지휘자로서 내가 믿는 변화의 방식이며, 지금 세대의 조직이 다시 살아나는 길이다.

계속 성장하려면
때로는 속도를 늦춰야 한다

코로나 팬데믹 이후 세상의 변화 속도가 눈부시게 가속화됐다. 메타버스와 인공지능 같은 신기술은 물론 재택근무, 비대면 소비, 온라인 교육, 원격 진료처럼 일상의 구조 자체를 바꾸는 변화들이 동시에 밀려왔다. 이를 두고 미국 경제지 〈포브스(Forbes)〉는 "10년 걸릴 디지털 전환이 10개월 만에 이뤄졌다"고 표현했다. 그만큼 변화의 속도는 상상 이상이었다.

하지만 급속한 변화가 마냥 반갑기만 한 것은 아니다. '세상은 저만치 앞서가는데 나만 뒤처지는 건 아닌지', '변화의 파도 속에서 홀로 떠다니는 건 아닌지' 하는 의문이 불쑥불쑥 고개를 든다. 그럴 때마다 나는 세상의 속도에 무작정 끌려가기보다는 나만의 속도 속에서 평온을 찾으려고 애쓴다. 때로는 의도적으로 발걸음을 멈추고, 놓친 부분은 없는지 돌아보기도 한다. 나 혼자만의 평온을 위한 선택이 아니다. 함께하는 사람들과 호흡을 맞추기 위해 반드시 필요한 과정이다.

더 나아가기 위해 잠시 멈춰야 할 때도 있다

나는 지휘자로 활동하면서 합창 단원들을 한데 아우르고 통합해야 하는 현장을 많이 경험했다. 멋진 공연을 만들기 위해서는 조금의 오차나 실수도 용납되지 않는다. 박자 하나 음정 하나가 전체 공연의 완성도를 좌우하기 때문이다.

그러다 보니 연습 현장에서는 집중력이 극도로 높아질 수밖에 없고, 예민하고 긴장된 분위기가 조성되기도 한다. 각자가 맡은 역할에 최선을 다하려고 할수록 공기는 더 팽팽해진다. 하지만 오랜 경험을 통해 깨달은 게 있는데, 경직된 상황에서 오히려 실수가 더 자주 일어난다는 사실이다. 과하게 긴장하면 평소 쉽게 해내던 것들도 어려워지고, 작은 실수들이 연쇄적으로 발생하면서 팀 전체의 흐름이 흔들린다.

이렇게 실수가 자꾸 되풀이되면 나는 잠시 연습을 멈추고 쉬는 시간을 갖는다. 옆자리 단원들과 농담도 나누고 물도 한 모금 마시며 숨을 돌리는 짧은 환기의 시간을 갖는 것이다. 개인들을 쉬게 하려는 의도도 있지만, 무엇보다 팀의 호흡을 다시 가다듬기 위해서다.

이 짧은 '멈춤'의 시간이 잃어버린 여유를 되찾게 해주고 분위기를 안정시켜준다. 굳어 있던 어깨가 자연스럽게 펴지고 단원들의 표정에서도 긴장이 풀어진다. 그때부터는 연습의 질이 훨씬 나아진다. 같은 곡을 부르는데도 소리가 더 풍성해지고, 서로의 호흡이 자연스럽게 맞아떨어지기 시작한다. 각자가 아니라 '함께' 노래하고 있다는 감각이 되살아난다.

참으로 놀라운 일이다. 인간은 대체 어떤 존재이기에 잠깐의 웃음과 휴식만으로도 이렇게 달라질 수 있을까? 이런 경험을 통해 나는 분명히 알게 됐다. 빠른 게 늘 좋은 것은 아니며, 때로는 속도를 늦추는 게 더 나은 결과를 가져온다는 사실 말이다. 조급하게 서두를수록 실수만 더 늘어나고 공동의 목적에서 멀어지기 쉽다.

이는 개인의 차원을 넘어 팀워크와 공동체에도 똑같이 적용된다. 한 사람의 조급함은 전체의 흐름을 무너뜨리지만, 잠시 멈추는 여유는 팀 전체를 다시 하나로 모아준다. 느림은 뒤처짐이 아

니라, 공동체가 다시 같은 방향을 바라보도록 흐름을 조율하는
힘이다.

각자의 템포를 유지하되
어우러짐을 생각한다

합창에서 여유와 편안함이 만들어내는 마법은 정말 놀랍다.
개개인의 역량을 끌어낼 뿐 아니라 팀 전체의 리듬과 분위기가
함께 바뀌기 때문이다. 우리 삶도 다르지 않을 것이다. 소규모 모
임이든 직장 내 팀이든 혹시 지금 조직 안에서 속도가 느리고 흐
름에 뒤처진다고 느낀다면 조금 다른 관점으로 바라보자. 느리다
기보다는 각자가 맡은 역할의 고유한 리듬에 맞춰 움직이고 있다
고 생각하자. 서로의 리듬과 템포를 존중하면 개인을 넘어 조직
전체의 성과로 이어지게 된다.

이 원리를 일상에서도 발견할 수 있다. 예를 들어 등산할 때
정상만 바라보고 빠르게 올라가면 함께 걷는 사람의 호흡도, 계
절마다 변하는 나뭇잎도, 길가의 작은 꽃도 놓치기 쉽다. 그런데
속도를 늦추면 새로운 풍경이 열린다. 인간관계도 마찬가지다.
서둘러 친해지려고 하면 상대는 부담을 느끼고, 성급히 결론을

내리면 공감이 형성되기 어렵다. 반대로 시간 여유를 갖고 서로의 리듬을 존중하며 맞추면 훨씬 편안한 관계가 형성된다.

"운율이 고르든 멀리서 어렴풋이 들리든 각자 자신에게 들리는 음악 소리에 맞춰 걸음을 내딛자. 인간에게 있어 사과나무나 떡갈나무처럼 빨리 성숙하는 것은 중요하지 않다. 봄을 서둘러 여름으로 만들 수는 없지 않은가?"

헨리 데이비드 소로(Henry David Thoreau)가 쓴 《월든(Walden)》의 한 구절이다. 세상은 결코 하나의 리듬만으로 움직이지 않는다. 세상이 아무리 급하게 변해도 모두가 같은 속도로 움직일 필요는 없다. 사과나무와 떡갈나무가 각기 다른 속도로 자라듯, 우리도 각자에게 맞는 삶의 템포가 있다. 조직도 마찬가지다. 누군가는 빠르고 누군가는 느리다. 중요한 것은 타인의 속도를 기준으로 삼는 게 아닌 서로의 속도와 템포를 존중하며 함께 맞춰가는 것이다.

혼자 앞서나가려고 하거나 남의 속도에 맞추려고 스스로 몰아붙이기보다 잠시 속도를 늦추고 자신이 속한 공동체의 호흡을 살펴보자. 함께 나아가기 위해서는 서로 발을 맞출 수 있는 약간의 여유가 필요하다. 초반에는 조금 느린 듯해도, 일단 호흡을 맞추고 나면 흔들림 없이 지속해서 나아갈 수 있다.

힘을 뺄수록 힘이 생기고,
유연할수록 단단해진다

악보에서 '아다지오'는 느리게 연주하라는 뜻이며, 느린 템포의 곡이나 악장을 의미하기도 한다. 우리에게 익숙한 소나타나 교향곡 또는 협주곡의 제2악장은 대개 아다지오로 구성돼 있다. 조용하고 느리지만 풍부한 선율을 자랑하는 이 악장을 듣다 보면 다양한 음들이 저마다 개성을 부드럽게 드러내는 게 느껴진다.

가장 낮은 음역에서 시작된 선율들은 자신만의 고유한 존재감을 천천히 그러나 점차 강렬하게 펼쳐낸다. 어느 하나의 선율도 혼자만 돋보이거나 튀지 않는다. 마치 고요하고 평화로운 바다를 유유히 유영하듯 서로에게 잔잔하게 스며들며 하나가 돼간다.

나는 아다지오 선율을 들을 때마다 사람과 사람 사이의 '관계'

를 떠올린다. 특히 팀 안에서 조화를 이루는 방식과 소통의 본질을 생각하게 된다. 구성원 중 누군가의 목소리만 유난히 크거나 혼자만 속도를 올려 내달리면 그 조직은 조화와 균형을 이룰 수 없다. 반면 각자가 자신의 자리를 지키며 서로의 소리에 귀를 기울일 때는 원활한 소통이 가능해지고 신뢰가 생겨난다. 마치 어느 곳 하나 튀지 않고 서로에게 스며드는 아다지오의 음들처럼 말이다.

지휘자가 오케스트라 전체의 호흡을 맞추듯 기업의 리더나 팀장일수록 무작정 내달리기보다는 한 박자 쉬며 속도를 조절할 수 있어야 한다. 조급하게 몰아붙이기보다는 약간의 여유를 인정하고, 강하게 지휘하기보다는 유연하게 이끌어야 한다. 그런 리더 아래에서 팀은 각자의 개성을 살리면서도 서로 협력하며 조화를 이루게 된다.

물론 때로는 빠른 결단이 필요한 순간도 있지만, 조직의 분위기를 조화롭게 만들어가는 리더십은 결국 긴장을 내려놓는 태도, 즉 '힘을 빼는 자세'에서 시작된다.

소통하는 기업문화는 어떻게
성장의 토대가 되는가

나는 주로 기업을 상대로 강연하기 때문에 다양한 조직의 리더와 구성원들을 만날 기회가 많다. 각기 다른 배경을 가진 사람들이 모여 공동의 목표를 향해 나아가는 조직에서 가장 중요한 것은 다름 아닌 "어떻게 함께 일할 것인가?"다. 이때 핵심은 조직 전반에 흐르는 '소통'의 분위기다. 그것이 건강하게 일하는 문화의 토대가 되기 때문이다.

강연장에서 만난 리더들 가운데 기억에 남는 한 사람이 있다. 중견 기업을 운영하는 A 대표는 인상이 서글서글하고 말투도 부드러웠다. 보통은 강연 담당 실무자와만 짧게 인사를 나누고 시작하는데 A 대표는 달랐다. 바쁠 텐데도 직접 찾아와 어떤 강연인지 묻고 진심 어린 관심을 보여줬다.

"오늘 어떤 내용으로 말씀해주실 예정인가요?"

"우리 직원들에게 정말 필요한 이야기 같은데요."

그의 말에서 단순한 호기심이 아닌 진짜 기대하는 마음이 느껴졌다. 앉아서도 눈을 맞추며 내 이야기를 진지하게 들어줬고, 중간중간 고개를 끄덕이며 깊이 공감해줬다. "잘 부탁드립니다"라는 말을 할 때도 진심이 고스란히 전해졌다. 덕분에 강연자인 나도 자연스럽게 마음이 열렸고, 낯선 공간인데도 따뜻한 환대를 받는 기분이었다. 이런 리더 밑에서 일하는 직원들이 부러웠다.

강의가 시작되자 직원들의 반응도 인상적이었다. 몸을 움직이며 노래해야 하는 프로그램이 포함돼 있었는데, 대부분 직원이 적극적으로 참여했다. 무엇보다 현장 전체에 밝고 경쾌한 에너지가 넘쳐났다. 참여자들의 반응은 강연자에게도 영향을 미치게 마련이라서, 나 역시 유쾌한 분위기 속에 즐겁게 이야기를 나눌 수 있었다. 강의가 끝난 뒤 담당자에게 감사한 마음을 전했다.

"강연을 많이 다녀봤지만 대표님처럼 먼저 다가와 강연 내용에 관심을 보인 분은 드뭅니다. 게다가 대표님이 직원들의 소통이나 동기부여에 정말 관심이 많으시더군요. 감명받았습니다."

그러자 담당자가 싱긋 웃으며 말했다.

"저희가 행복해야 대표님도 행복하시대요."

많은 것을 설명해주는 말이었다. A 대표는 단 한 번도 "우리는 꼭 1등을 해야 한다"거나 "이 정도 성과는 반드시 내야 한다"는 식의 강압적인 발언을 한 적이 없다고 했다. 물론 기업이 지향하는 목표, 비전, 수치는 분명하게 제시했다. 다만 직원들을 몰아붙이거나 성과에 대한 압박을 주는 방식이 아닌 스스로 동기를 부여할 환경을 만드는 데 더 집중했다. 내가 그 회사 직원이라면 말 그대로 '일할 맛'이 났을 것 같다.

조직 안에서 신뢰가 자라나는 방식은 의외로 단순하다. 상대방을 있는 그대로 존중하고 잘되기를 진심으로 바라는 마음, 그것이 공감의 출발점이며 건강한 협업의 토대가 된다. 리더는 그 중심에서 소통할 수 있는 문화를 만들어가는 사람이다. 어려운 상황일수록 먼저 나서되, 조급함보다는 전체의 리듬을 살피며 방향을 조율할 수 있어야 한다. 바로 그때 필요한 것이 힘을 빼는 자세, 유연하고 여유 있는 태도다.

힘을 덜어낼수록
지향할 방향이 또렷해진다

우리는 모든 것이 빠르게 변화하는 시대를 살고 있다. 잠시만 한눈을 팔아도 흐름에 뒤처지기 쉬운 세상에서 힘 빼라는 조언은 어쩐지 실없는 말처럼 들릴지도 모르겠다. 그렇지만 역설적이게도 이런 시대일수록 더욱 필요한 게 바로 '유연함'과 '조율'이다. 힘을 주며 긴장하는 대신 한 걸음 물러서서 시야를 넓히는 여유가 필요하다. 그래야 흐름에 쫓기지 않고 스스로 방향을 설정하며 나아갈 수 있다. 진짜 내공은 바로 유연함과 균형 감각에서 비롯된다.

우리는 과연 이런 감각을 갖추고 있을까? 별로 그런 것 같지 않다. 한국인 특유의 '빨리빨리' 문화는 이미 잘 알려져 있다. 우리는 뭔가를 빠르게 처리해서 성과를 내는 데 익숙하다. 6·25 전쟁 이후 아무것도 없던 시절, 그 어떤 나라보다 빠르게 국력을 회복했고 놀라운 속도로 선진국 반열에 올랐다. 배달 서비스나 행정 처리 속도 역시 세계적으로 손꼽히는 수준이다.

이런 '빠름'은 분명 강점이지만, 빠른 게 언제나 좋기만 한 것은 아니다. 모든 일에 속도만을 우선시하다 보면 정작 중요한 것을 놓칠 수 있고, 자신만의 리듬과 방향을 잃은 채 남의 속도에 휩쓸리는 상황도 생긴다. 그렇게 되면 관계에 균열이 생겨 마음의 여유까지 잃게 된다. 속도를 무리하게 끌어올리다 보면 언젠가는 반드시 어딘가에서 잡음이 생기기 마련이다.

조직의 리더가 강약 조절 없이 '빨리빨리'만 외치면, 처음에는 열정적으로 따르던 구성원들도 점차 지치고 동력을 잃게 된다. 지금 우리에게 필요한 것은 '힘 빼기'라는 새로운 방식의 전환이다. 힘 빼기는 소극적인 태도를 말하는 게 아니다. 힘을 뺀다는 것은 내가 직접 모든 걸 쥐고 흔들지 않으면서도 자연스럽게 원하는 방향으로 이끌어가는 전략이다. 힘을 빼야 중요한 일에 더 효과적으로 에너지를 집중할 수 있다. 그래서 현명한 리더는 언제 힘을 주고 언제 힘을 빼야 하는지를 본능처럼 안다. 그 균형

감각과 조율 능력이 바로 조직의 에너지를 오래도록 유지케 하는 핵심이다.

이런 접근 방식은 우리가 오랫동안 추구해온 성장 모델에서 벗어나 지속 가능한 발전을 추구하는 철학과도 맞닿아 있다. 단기적인 성과에만 매몰되지 않고 조직과 개인이 함께 성장할 수 있는 환경을 만드는 것이다. 힘을 빼고 덜어낼수록 방향은 오히려 더 또렷해진다.

이는 비단 기업에만 해당하는 이야기가 아니다. 개인의 삶도 그렇다. 항상 힘을 주고 긴장한 채로는 오래 버텨내지 못한다. 계속 성장하길 원한다면 힘을 뺄 때 비로소 진짜 힘이 생기는 '아다지오'의 느림이 필요하다.

진짜 경쟁력은 무조건 빨리 달리는 데 있는 것이 아니라, 언제 달리고 언제 멈출지를 아는 데 있다. 전속력으로 질주할 때가 있는가 하면, 천천히 걸으며 숨을 고를 시점도 있다. 그 리듬을 조율할 수 있는 사람이야말로 변화에 강한 사람이다. 속도의 완급을 조절할 수 있는 유연함이 절실한 때다.

부드러운 장악력,
루바토 완급 조절의 지혜

음악 연주 기법 중에 '루바토(Rubato)'라는 것도 있다. 정해진 박자에서 벗어나 의도적으로 시간을 자유롭게 조절해 연주한다. 때로는 느리게, 때로는 빠르게 템포를 다르게 하면서 곡에 생명을 불어넣는다. 나는 이 루바토를 단순한 음악적 기법이 아니라 '여유'라고 부르고 싶다.

왜 그런지 살펴보기 전에 간단한 실험을 해보자. 누군가에게 빠르고 강하게 손뼉을 아홉 번 치게 한 다음, 마지막 열 번째만 부드럽고 작게 치라고 해보자. 그러면 대부분의 사람이 실패한다. 급박한 리듬에 몸이 익숙해졌기 때문이다. 하지만 이때 잠깐 한 호흡 멈췄다가 마지막 손뼉을 치면? 숨을 고르고 템포를 되찾은 뒤 마지막 손뼉을 치면 신기하게도 부드럽고 작은 소리의 박수가 나온다. 이것이 루바토의 힘이다.

빠르게 내달리기만 하는 조직은
신중한 선택 앞에서 힘을 잃는다

핵심은 단순히 시간을 늘리거나 줄이는 게 아니다. 루바토의 진정한 가치는 강약과 완급을 자유자재로 조절해 더 풍부한 표현을 만들어내는 데 있다. 빠른 리듬 속에서 갑작스럽게 여유를 만들어 음악이 숨을 고르는 순간, 청중에게 더 큰 감동을 선사한다.

조직의 일도 마찬가지다. 오전 내내 쏟아지는 업무에 치여 팀 전체가 급박하게 움직이고 있다고 해보자. 그런 경우 오후의 중요한 회의나 프레젠테이션에서 차분하고 설득력 있는 협업이 이뤄지기 어렵다. 성과와 속도에만 집중해 빠르게 내달리는 조직일수록 구성원 사이의 배려와 호흡은 쉽게 무너진다. 마치 연속해서 치는 아홉 번의 손뼉처럼, 이미 빠르게 내달리는 리듬에 집단 전체가 길들어 있기 때문이다.

이런 장면이 많은 조직에서 반복된다. 늘 빠른 속도로 운영되던 팀이 중요한 결정 앞에서 갑자기 신중함을 발휘하려고 할 때 분위기 전환이 쉽지 않다. 마치 시속 100킬로미터로 달리던 자동차 속도를 급하게 줄이려는 것과 같다.

그런데 루바토는 다른 선택지를 제시한다. 중요한 순간일수록 팀 전체가 잠시 멈춰 호흡을 맞추라는 것이다. 성급하게 내달리기만 할 게 아니라 잠깐의 여유를 통해 속도를 조절하고, 평소와 다른 리듬으로 상황을 바라본다. 그렇게 완급을 조절할 수 있을 때라야 긴장 속에서도 균형을 잃지 않고 구성원들이 더 자연스럽게 어우러질 수 있다.

대화와 소통에도
루바토의 기술이 필요하다

지휘에서 루바토를 다루는 일은 매우 섬세한 기술이다. 연주자들이 지닌 각각의 매력과 특징을 최대한 끌어내면서도 전체적인 흐름을 놓치지 않도록 완급과 강약의 균형을 맞춰야 한다. 지휘자는 음악의 긴장과 이완의 흐름 속에서 시간을 다루곤 한다. 긴장감을 향해 몰아치듯 진행하다가, 이완으로 넘어가기 직전 의도적으로 시간을 붙잡아 충분히 늘려줄 때 비로소 이완은 자연스럽게 완성된다. 서두르지 않고 시간을 잠시 붙잡아두는 그 순간이 긴장을 해소할 힘을 만들어주는 것이다.

긴장감은 음의 크기나 강도의 문제가 아니다. 음표와 음표 사이의 시간이 촘촘해지고 숨 쉴 틈 없이 긴박하게 달리는 순간이 극대화될 때 음악은 가장 팽팽해진다. 그리고 그 긴장이 최고점에 도달했을 때 시간을 풀어줘야 이완은 비로소 깊어진다.

루바토는 바로 이 지점에서 작동한다. 긴박하게 몰아붙인 시간 위에서 마지막 순간에 시간을 가로채 늘려주는 선택이다. 그 선택이 있을 때 이완은 단순한 느려짐이 아니라 충분히 설득된 해소가 된다.

'지휘하다'라는 뜻의 영어 동사 'conduct(컨덕트)'는 라틴어 'conducere(콘두체레)'에서 유래했는데, 흥미롭게도 '함께 이끌다', '한데 모으다'라는 뜻을 담고 있다. 지휘자는 일방적으로 지시하는 사람이 아니라, 연주자와 함께 소리의 흐름으로 들어가 전체를 이끌고 모으는 존재인 것이다.

이는 우리 일상이나 조직 또는 공동체의 대화와 소통에도 그대로 적용된다. 좋은 대화란 한 사람이 일방적으로 주도하는 게 아닌, 서로 감정과 생각을 주고받는 열린 소통을 하는 과정이다. 마치 지휘자가 각 파트의 소리를 듣고 균형을 맞추듯이, 우리 역시 대화 속에서 상대의 반응을 살피고 말의 내용과 속도 및 강약을 조절할 수 있다.

친구와 속 깊은 이야기를 나눌 때를 생각해보자. 친구가 힘든 상황을 털어놓고 있을 때 평소처럼 빠르고 경쾌한 톤으로 대답하면 부적절하다. 이때는 목소리 톤을 낮추고 말의 속도를 늦춰 상대방의 감정에 공감하고 있음을 보여주는 게 바람직하다. 반대로 기쁜 소식을 들었을 때는 톤을 높여 밝고 경쾌하게 호응해주는 게 자연스럽다.

부부 사이의 대화에서도 루바토의 지혜는 빛을 발한다. 갈등 상황에서 서로 톤을 높여 빠른 속도로 말을 내뱉으며 감정이 격해질 때가 있다. 이럴 때 한 사람이 의도적으로 말의 속도를 늦추고 목소리를 부드럽게 만들면 전체적인 대화 분위기가 바뀌기 시작한다. "잠깐, 우리 쉬었다가 진정되면 다시 이야기하자"라며 잠간의 휴지기를 두는 것도 좋다.

조직이나 공동체에서도 속도의 완급을 조율할 줄 아는 팀이 깊은 신뢰와 조화를 만들어낸다. 늘 빠르게만 움직이는 팀은 금세 지치지만, 상황에 따라 속도를 늦추고 호흡을 맞출 줄 아는 팀은 오래 간다.

회의할 때도 마찬가지다. 서둘러 결론부터 내리기보다 미처 말하지 못한 사람의 의견을 한 번 더 물어 최대한 많은 견해를 수용할 필요가 있다. 논쟁이 격해질 때는 누군가 의도적으로 속도를 늦추고 분위기를 가라앉혀야 한다. 프로젝트도 무작정 속도를 내서 진행하는 데만 매몰될 게 아니라, 중간중간 호흡을 조절하고 방향을 점검하면서 다른 선택지는 없는지 고민할 때 완성도가 높아진다.

강력한 영향력은 부드러운 장악력에서 나온다

이런 완급 조절을 가능케 하는 것은 무엇일까? 상황 전체의 흐름을 읽고 책임 있게 개입하는 힘, 곧 '부드러운 장악력'이다. 권위로 압도하는 것과는 다르다. 완급 조절을 통해 서로 다른 사람들을 하나의 방향으로 이끄는 섬세한 기술이다.

일정이 촉박한 프로젝트를 앞두고 팀 분위기가 점점 경직될 때를 예로 들어보자. 어떤 리더는 "시간이 없는데 아직도 기획안 정리가 안 된 겁니까!"라며 팀원들을 압박한다. 반면 부드러운 장악력을 가진 리더는 팀원을 모아놓고 이렇게 말한다.

"지금 가장 막히는 지점이 어디인지부터 같이 봅시다. 여기까진 내가 정리하고, 나머지는 각자 역할을 나눠보면 좋겠군요."

부드러운 장악력이 있는 리더는 재촉만 하거나 혼자 실무를 떠맡는 대신 문제의 핵심을 짚어내고 대응책을 제시하며 팀원들이 할 일을 정리해준다. 의사결정이 필요한 지점에서는 기준을 분명히 세우고 각자의 역할과 우선순위를 명확히 나눈다. 야근이 필요한 날에도 끝까지 자리를 지키며 일이 원활하게 진행되도록 흐름을 관리한다.

이런 리더 아래에서 팀원들은 지시를 기다리는 사람이 아닌 각자의 자리에서 판단하고 움직이는 주체가 된다. 선봉에 서서 "나를 따르라!"고 외치지 않아도, 문제를 푸는 방식과 기준을 보여주기 때문에 사람들은 자연스럽게 그 리더의 방향에 맞춰 움직이게 된다.

결국 완급을 조절할 줄 안다는 것은 일의 맥락과 흐름을 파악한 뒤 개입해야 할 순간과 맡겨야 할 순간을 구분할 줄 안다는 뜻이다. 조급한 상황에서도 판단을 서두르지 않고, 흩어진 논의와 다양한 선택지를 하나의 기준으로 정리하려는 태도다. 이런 태도가 반복될 때 조직은 흔들리지 않는 중심을 찾게 된다.

우리가 신뢰하고 오래 기억하는 사람들을 떠올려보면 공통점이 있다. 우격다짐으로 몰아붙이거나 통제하려 들기보다, 상황을 정리하고 나아가야 할 방향을 제시할 줄 안다는 점이다. 조직에서도 강렬한 카리스마로 압박하고 재촉하면 단기적인 속도와 성과는 낼 수 있다. 하지만 그런 방식은 구성원들이 스스로 판단하고 책임지게 만들지는 못한다. 반대로 차분하게 우선순위를 정리해주는 리더가 있다면 각자의 역할이 분명해지고, 팀은 중심을 단단히 잡되 더 활발하게 움직일 수 있다. 신뢰가 팀의 판단과 실행을 지탱하는 든든한 기반이 되기 때문이다.

이렇게 보면 루바토는 음악적 기법을 넘어 속도와 강도를 조절하며 조직 전체의 흐름을 관리하는 방식과도 일맥상통한다. 일의 진행에서도, 팀 운영에서도, 진정으로 필요한 것은 완급 조절이며, 그 완급을 책임 있게 조율할 수 있는 리더의 부드러운 장악력이다.

사람과 조직을 움직이는 힘은 부드러움에서 나온다. 강한 압박이 아니라 판단의 기준과 책임의 구조를 분명히 세워주는 태도가 공동체를 오래 가게 만든다. 마하트마 간디(Mahatma Gandhi)의 말이 이 대목을 정확히 짚고 있다.

"부드러움 속에 가장 강한 힘이 있다."

각각의 소리가 하나의 울림으로,
조직을 움직이는 공명의 힘

악보에서 '포르테(Forte)' 표시가 보이면 '세게' 연주해야 한다. 하지만 이 용어는 단순히 크기와 힘을 넘어 더 깊고 철학적인 의미를 담고 있다. 많은 연주자가 포르테를 소리 크기와 힘을 강조하는 것으로 오해하곤 하지만, 진정한 포르테는 소리가 공명을 통해 완전하게 울려 퍼질 때 비로소 완성된다.

연주회장에서 지휘자가 팔을 힘차게 내리치며 오케스트라를 향해 포르테를 요구하는 순간을 상상해보자. 이때 경험이 부족한 연주자라면 본능적으로 소리 크기를 키우는 데만 집중할 것이다. 더 힘껏 현악기 활을 누르거나, 더 세게 관악기를 불어대거나, 더 크게 타악기를 쿵쾅거리는 식으로 말이다. 그러나 이렇게 하면 소리가 왜곡되고, 음악의 아름다움이 훼손되며, 때로는 소리 자체가 깨진다.

진정한 포르테는 전혀 다른 차원에서 완성된다. 소리가 자연스럽게 울려 퍼져서 청중의 마음 깊은 곳까지 닿을 때, 연주자와 청중 사이에 깊은 교감이 형성될 때 비로소 진가를 발휘한다. 연주자 개인을 넘어 집단 전체가 '공명'을 통해 하나가 되는 순간이다. 단순히 '세게' 연주하는 게 아니라, 소리 자체가 갖는 본연의 힘과 아름다움을 온전히 발현시키는 것이다.

서로 교감하고 공명할 때
힘 있는 소리가 나온다

이렇듯 포르테의 참뜻은 소리의 부피가 아니라 진동을 통한 공명에 있다. 악기든 목소리든 음악의 핵심은 떨림이 공간을 가득 채우고 사람의 감정 깊은 곳에 파동을 일으키는 데 있다. 공명은 소리가 단순히 귀에 들리는 것을 넘어 공간 전체를 진동시키고 듣는 이의 마음마저 움직이는 현상을 일컫는다.

바이올린을 예로 들어보자. 포르테를 표현할 때 활의 압력과 속도를 적절히 조절하지 않으면 소리가 현에 과하게 눌려 진동을 방해하거나, 반대로 너무 약해 울림이 부족해진다. 활이 현을 자연스럽게 스쳐 지나가면서 현의 떨림이 공기를 타고 퍼져나갈 때, 비로소 소리는 듣는 이의 가슴을 움직이는 힘을 갖게 된다.

성악에서도 같은 원리가 그대로 적용된다. 성대의 긴장만으로 소리를 내는 게 아닌 호흡을 통해 안정적인 공명강(공명 공간)을 활용해야 한다. 이때 목소리는 단순히 크게 들리는 소리 이상으로 깊고 넓게 연주 공간을 채운다.

지휘자에게 포르테는 더 복합적인 개념이다. 지휘자가 포르테를 요청할 때는 '더 세게'가 아니라 소리의 질감, 공간의 반향, 파트 사이의 조화를 동시에 고려해야 한다. 모든 악기가 서로를 덮지 않으면서도 하나의 거대한 파동을 만들어내도록 조율해야 하는 것이다. 과도한 소리는 다른 파트를 가려 곡의 균형을 깨뜨리고, 부족한 소리는 전체의 에너지를 떨어뜨린다. 개별 연주자의 역량을 끌어올리는 동시에 집단 전체가 같은 방향으로 울리게끔 해야 한다.

공명과 포르테는 공간과도 밀접한 관련이 있다. 대규모 콘서트홀에서의 포르테와 소규모 연습실에서의 포르테는 전혀 다른 방식으로 구현된다. 넓은 공간에서는 잔향을 통해 소리가 더 풍부하게 느껴지지만, 좁은 공간에서는 같은 세기의 연주가 오히려 공명을 방해할 수 있다. 공간 규모와 맥락에 따라 다른 방식의 조율이 필요한 이유다.

"제가 어떻게 도우면 될까요?"
한 사람의 용기가 만들어낸 화합의 순간

이런 공명의 원리를 실제로 체험한 잊지 못할 순간이 있었다. 몇 년 전 안양구치소에서 합창 교육을 진행한 적이 있는데, 그때 내게 주어진 세 시간은 공감의 울림이 무엇인지 깨닫게 해준 소중한 경험이 됐다.

구치소의 차가운 복도를 걸으며 반주자와 나는 서로 말없이 긴장감을 주고받고 있었다. 교육 대상은 경제사범들이었다. 첫 대면에서 느껴진 그들의 공허한 시선이 지금도 생생하다. 외부인에 대한 경계와 무관심 그리고 체념이 뒤섞인 표정이었다. 합창 교육이 시작됐지만 누구도 선뜻 나서지 않았고, 몇몇은 아예 참여할 마음이 없어 보였다.

그래도 나는 노래를 시작했다. 따뜻한 멜로디 하나가 이 차갑고 딱딱한 공간을 조금이라도 부드럽게 만들어주기를 바라는 마음으로. 하지만 내 목소리만 허공에 울려 퍼질 뿐이었다. 교육생들은 따라 하기는커녕 그저 멀뚱히 내가 노래하는 모습을 바라보기만 했다. 스무 명 남짓한 사람들이 앉아 있는데도 나 혼자서만 노래하고 있었다.

"거 참… 불쌍하네."

어딘가에서 들려온 작은 중얼거림이었다. 그 순간 나는 노래를 멈추고 목소리의 주인을 바라봤다. 중년의 남성이었는데, 내 눈과 마주치자 당황한 듯 시선을 피했다.

"제가 불쌍한가요?"

내 질문에 그는 깜짝 놀라며 고개를 들었다. 다른 사람들의 시선도 일순간 우리 두 사람에게 집중됐다.

"그러면 저 좀 도와주세요. 혼자 노래하려니까 정말 불쌍하네요."

어색한 웃음이 여기저기서 터져 나왔다. 그 남성도 당황해하면서 얼떨결에 이렇게 답했다.

"어… 어떻게 도우면 되는데요?"

"그냥 제가 부르는 노래를 따라 불러주시면 됩니다."

그는 잠깐 망설이더니 작은 목소리로 나를 따라 노래했다. 처음에는 소리도 작고 어색했지만, 점점 더 자연스러워졌다. 그리고 놀라운 일이 일어났다. 마치 물에 떨어진 돌멩이의 파문처럼 그의 목소리가 다른 사람들의 마음에 작은 떨림을 만들어낸 것이다.

"나도 해볼까?"

옆에 앉은 사람이 조심스럽게 입을 열었다. 그러자 다른 사람이, 또 다른 사람이, 목소리를 보태기 시작했다. 처음에는 흐릿했던 하모니가 점점 또렷해졌고, 어느 순간 스무 개의 목소리가 하나가 돼 공간을 가득 채웠다.

가장 놀라운 일은 그다음에 일어났다. 누군가 손뼉을 치기 시작했고, 몇몇은 어깨를 들썩이며 리듬을 타더니 급기야 자리에서 일어나 몸을 움직이기 시작했다. 딱딱한 교실이 순식간에 축제의 장으로 변했다.

이후로는 세 시간이 어떻게 지나갔는지도 모르겠다. 마지막에는 모두가 손을 잡고 합창했는데, 그때의 감동을 나는 평생 잊지 못할 것이다. 한 사람의 작은 용기가 스무 명의 마음을 움직였고, 그 움직임이 다시 더 큰 울림을 만들어낸 놀라운 순간이었다.

그날 나는 깨달았다. 포르테란 큰 소리가 아니라 마음과 마음이 공명할 때 일어나는 진동의 기적이라는 것을. 그 공명은 한 사람의 열정이 아니라, 서로를 향해 열린 자세에서 시작된다는 사실을.

'해야 해서'가 아니라 '함께하고 싶어서'
움직이게 만드는 힘

이처럼 음악에서 발견한 공명의 원리는 우리 일상의 다양한 순간, 특히 사람들이 함께 일하고 협력할 때도 나타난다. 물리학적으로 공명은 소리의 진동수가 특정 물체나 공간의 고유 진동수와 일치할 때 일어난다. 이때 소리는 자연스럽게 증폭되고 풍부한 울림을 만들어낸다. 지나치게 힘을 주면 소리가 거칠어지고, 힘이 부족하면 충분한 진동이 형성되지 않는다. 진정한 포르테는 이 절묘한 균형점에서 탄생한다.

일상의 대화도 마찬가지다. 목소리를 높이고 강하게 말한다고 해서 상대방이 더 잘 듣는 것은 아니다. 오히려 적절한 톤과 속도로 진심을 담아 말할 때 상대방의 마음에 더 깊이 닿는다. 조직 내의 소통도 다르지 않다. 지시의 강도보다 중요한 것은 메시지에 얼마나 공명하느냐다.

조직의 리더십에서도 강압적인 지시보다는 구성원들이 자연스럽게 공감할 수 있는 방향을 제시할 때 더 큰 효과를 얻는다. 리더가 일방적으로 자기 의견만 고집하거나 팀원의 의견을 아무렇지 않게 무시하면 공동의 목표를 향해 나아갈 동력 자체를 상실하고 만다. 《왜 함께 일하는가(Together is Better)》의 저자 사이먼 시넥(Simon Sinek)은 개인과 기업이 성장하려면 무엇보다 리더나 조직이 바뀌어야 한다면서 다음과 같이 말했다.

"영감을 주는 리더는 사람들에게 행동하라고 하지 않는다. 사람들은 스스로 행동하게 된다."

목표를 향한 열정과 현실적인 페이스 조절 사이의 균형은 개인의 문제를 넘어 팀 전체의 지속가능성과도 맞닿아 있다. 한 사람이 무리하면 그 부담은 곧 주변으로 전이되고, 역할 분담과 협업의 흐름이 흔들리기 시작한다. 팀의 균형이 깨지면 작은 결정에도 불필요한 에너지가 소모되고, 조직의 실행력과 집중력 역시 자연스럽게 약해진다.

인간관계에서도 적절히 주고받는 균형이 중요하다. 일방적으로 주기만 하거나 받기만 하는 관계는 오래갈 수 없다. 건강한 공동체는 서로의 상태를 살피며 자연스럽게 호흡을 맞추는 관계 위에서 형성된다.

자연스러운 공명으로 울려 퍼지는 진정한 울림. 조직도, 팀도, 공동체도 바로 이 울림 안에 있어야 오래 살아남는다. 사람들이 '해야 해서'가 아니라 '함께하고 싶어서' 움직이게 만드는 힘이야말로 공동체를 지탱하는 공명의 위력이다.

혼자일 때보다 함께일 때
더 빛나는 합창처럼

"혼자 가면 빨리 가지만, 함께 가면 멀리 간다."

유명해진 아프리카 속담이다. 짧은 문장인데도 우리에게 주는 울림이 크다. 혼자가 아니라 공동체로 살아가는 삶에서는 속도보다 서로를 놓치지 않고 끝까지 함께 가는 힘이 결국 지속과 완주를 가능케 한다.

사람은 저마다 서로 다른 강점을 지니고 있다. 혼자일 때 빛나는 사람도 있고, 함께할 때 더 큰 힘을 발휘하는 사람도 있다. 하지만 우리 주변을 보면 개인 역량은 무척 뛰어난데 협력에는 서툰 사람들을 종종 보게 된다. 자기 실력을 과신해 혼자 앞서나가려는 사람, 자신감 부족으로 매사 수동적인 사람, 개인 평가를 의

식해 자기만 생각하는 사람까지, 팀 전체의 균형을 흔드는 유형
은 다양하다.

합창을 떠올려보자. 아무리 훌륭한 목소리들이 모여도 그것만
으로 감동적인 무대가 완성되지는 않는다. 서로 다른 음색을 조
율하고, 호흡을 맞추고, 하나의 리듬으로 움직일 때라야 음악은
살아난다. 협력도 똑같다. 단순히 '좋은 것들'만 모아놓는다고 성
과가 나오는 게 아니다. 핵심은 각기 다른 요소들이 어떻게 연결
되고 어떤 방식으로 작동하느냐다. 성과는 뛰어난 개인의 집합이
아니라 조화로운 협업의 과정에서 만들어진다.

서로 다른 소리를 맞추며
조화를 배운다는 것

음악적 바탕이 거의 없던 내가 합창단에 발을 들여놓았을 처
음에는 무척 당황스러웠다. 다른 단원들과 비교하면 늘 한발 뒤
처진 느낌이었고, 무엇보다 더 혼란스러웠던 건 내 마음대로 노
래할 수 없다는 현실이었다. 합창은 개인의 감정보다 각자의 소
리가 어떻게 연결되는지가 더 중요했기 때문이다.

합창의 본질은 소리를 맞춰간다는 데 있었다. 기본 3화음, 부

3화음, 7화음 등 주요 화음을 알아가는 과정이 생각보다 복잡하고 어렵게 느껴졌다. 게다가 합창의 관건은 정확한 리듬이기에 4분음표, 8분음표, 16분음표 등 타이밍에 맞춰 모두가 정확하게 목소리를 내는 것이 중요했다. 한 사람의 역량만으로는 완성될 수 없고 서로의 타이밍과 역할이 맞물려야 비로소 성립하는 구조였다. 합창은 실제로는 정교한 화음과 리듬이 요구되는 까다로운 예술이었다.

연습 시간은 시련 그 자체였다. 교수님은 칭찬에 인색하면서도 문제점과 실수는 예리하게 짚어내셨다. 노래가 시작되면 어김없이 "다시!"라는 외침이 울려 퍼졌다. 그런 반복 속에서 나는 '혼자 잘하는 법'이 아니라 '함께 맞추는 법'을 배워야 했다.

다른 단원들에게 폐를 끼치지 않으려고 애쓰며 노력한 덕분에 실력은 향상됐지만, 반대로 자신감은 바닥을 향해 곤두박질쳤다. 모두가 제대로 화음을 맞추는데 나만 틀린 소리를 내고 있다는 생각에 점점 위축됐다. 지휘자와 모든 단원이 예민해지는 합창 수업은 어느 순간부터 내게 공포의 시간이 돼버렸다.

공동의 완성도를 중시하는 구조 안에서 개인은 자기 자리를 잃었다고 느끼기 쉽다. 마음이 한번 움츠러들기 시작하면 자신감도 사라지고, 그 일을 하는 시간이 고통으로 변한다. 나는 나 스스로가 완벽한 그림 위에 떨어진 얼룩 같은 존재처럼 느껴졌다.

뛰어난 팀 안에서 자신의 역할을 확신하지 못할 때 생기는 감정과 크게 다르지 않았다.

자기 능력을 의심하고 확신을 잃으면 원래 갖고 있던 실력조차 제대로 발휘할 수 없다. 합창뿐 아니라 일상의 삶에서나 직장에서도 마찬가지다. 팀은 개인의 불안을 쉽게 흡수하고, 그 불안은 다시 팀 전체의 리듬을 흐트러뜨린다.

각자가 역할에 충실할 때
비로소 생기는 최상의 시너지

완전히 위축된 내게 노래는 더 이상 즐거운 일이 아니었다. 합창단 입단을 후회했고, 이 모든 게 끝나면 다시는 합창 활동을 하지 않겠다고 다짐하기까지 했다. 그런데 이상했다. 그토록 힘겨운 연습 과정을 겪으면서도 교수님 그리고 단원들과 함께 무대에 오르는 순간만큼은 모든 고통이 사라지고 말할 수 없는 설렘이 찾아왔다.

그제야 비로소 무대에서 내가 해야 할 일은 나를 돋보이게 하는 것이 아니라, 내 자리를 지키며 그 소리를 끝까지 책임지는 일임을 깨달았다. 그때를 지나서 돌이켜보니 개인의 존재감을 앞세

울수록 무대는 흔들렸고, 자기 자리에서 자기 역할에 충실할수록 오히려 무대는 나를 자연스럽게 품어줬다.

특히 한 공연이 기억에 남는다. 매스터코랄(Master Chorale) 단원으로 처음 참가한 대학 합창제였다. 앞선 팀들의 웅장한 연주를 지켜본 우리는 이미 기가 죽어 있었다. 그렇게 매스터코랄 차례가 왔다. 시간이 어떻게 흘렀는지 내가 어떤 소리를 냈는지도 모른 채, 오직 교수님의 지휘에만 집중해 연주를 끝냈다.

그 순간 엄청난 박수가 터져 나왔다. 관객들의 환호가 공연장을 가득 채웠다. 다른 팀들과는 확실히 다른 수준이었다. 정신이 아찔한 가운데서도 성취감이 온몸을 감쌌고, 나도 모르게 미소를 짓고 있었다. 그때의 전율을 어떤 말로 표현할 수 있을까? 합창만이 줄 수 있는 특별한 경험이었다. 나를 드러내기 위한 노래가 아니라, 서로의 소리에 귀 기울이며 하나의 울림을 완성해가는 경험. 각기 다른 개성을 지닌 사람들이 함께 살아가는 우리 인생과 합창은 참 많이도 닮았다.

상을 얻고 사람을 잃는
상처뿐인 영광

그러고 몇 년 뒤, 이번에는 반대편 입장에 서게 됐다. 단원이 아닌 지휘자로서 말이다. 초보 리더 시절, 나는 공동체를 바라보는 리더의 시선이 사람들의 마음과 조직의 방향을 얼마나 크게 흔들 수 있는지 미처 알지 못했다.

스물아홉 살의 나는 국립합창단을 그만두고 나왔다. 내 마음속에는 오직 하나, 지휘자가 되고 싶다는 간절한 열망만이 있었다. 그렇게 처음 맡게 된 아마추어 직장인 합창단. 단원들에게 합창은 진지한 예술이라기보다는 즐거운 취미 활동에 가까워 보였다. 연습보다는 연습 후 술자리가, 화음을 맞추는 것보다는 함께 웃고 떠드는 시간이 더 소중한 것 같았다.

그런 모습들이 내겐 답답하게만 느껴졌다. 진짜 지휘자가 되고 싶었던 나는 부임하자마자 전국합창대회 포스터를 들고 와 붙여놓고 출전을 선포했다. 단원들은 어이없다는 듯 웃었지만, 나는 물러서지 않았다. 연습 강도를 높이고 요구 수준을 올렸다. 그게 팀을 성장시킨다고 믿었다. 목표와 성과만 신경 쓰느라 정작 함께하고 있는 합창 단원들에 대한 인정과 배려는 전혀 없었다. 서른 명이었던 단원이 스물세 명으로 줄어들었다.

대회가 다가올수록 마음은 더 조급해졌다. 마지막 3주 동안은 주 5일씩 매일 연습을 강행했다. 직장 생활과 병행해야 하는 단원들에게는 고된 시간이었지만, 내게는 물러설 수 없는 절박한 싸움이었다. 나는 팀이 아니라 나 자신이 원하는 성과만을 생각한 것이었다.

놀랍게도 결과는 우수상이었다. 단원들도 서로를 부둥켜안고 울었다. 분명히 성취였다. 그러나 무대의 영광 이면에는 그림자가 깊게 드리워져 있었다. 내가 단원 시절 느꼈던 두려움과 위축감을 지휘자가 되고서도 다른 이들에게 그대로 돌려주고 있었던 것이다.

성과를 앞세운 판단은 빠른 결과를 가져오긴 했지만, 공동체에는 되레 위기를 초래했다. 빨리 가려는 열망이 함께 가는 법을 잊게 했고, 어떻게든 성과를 내야겠다는 조급함이 사람을 먼저 살피는 여유를 앗아갔다. 일곱 명의 단원들이 떠난 것도 그런 이유 때문이었다. '상'이라는 결과를 얻었지만, 그 과정에서 '사람'을 잃고 말았다.

영화 〈아폴로 13(Apollo 13)〉에 인상적인 장면이 나온다. 달 탐사 중 우주선에서 폭발 사고가 일어나 세 우주비행사가 생사의 갈림길에 서게 된다. 산소 부족과 전력 차단 위기 속에서 그들을 구한 것은 한 사람의 영웅이 아니라 팀 전체의 협력이었다. 우주비행사들은 서로를 신뢰하며 차분히 저마다 소임을 다했고, 지상 관제소의 수많은 사람이 밤낮 없이 해결책을 찾아 나섰다. 모든 이들이 자신의 자리를 지켰기에 불가능하게만 보였던 무사 귀환을 현실로 만들 수 있었다.

합창이 화음과 리듬으로 감동을 창조하듯, 조직에서의 협력은 각자가 맡은 역할을 끝까지 해낼 때 기적 같은 결과를 이끌어낸다. 위기의 순간 조직을 살리는 것은 뛰어난 개인이 아닌 자기 역할을 충실히 수행하며 조직이 무너지지 않도록 지탱하는 신뢰와 시스템이다. 함께하는 것이야말로 위기 속에서 우리 모두를 구해내는 힘이다.

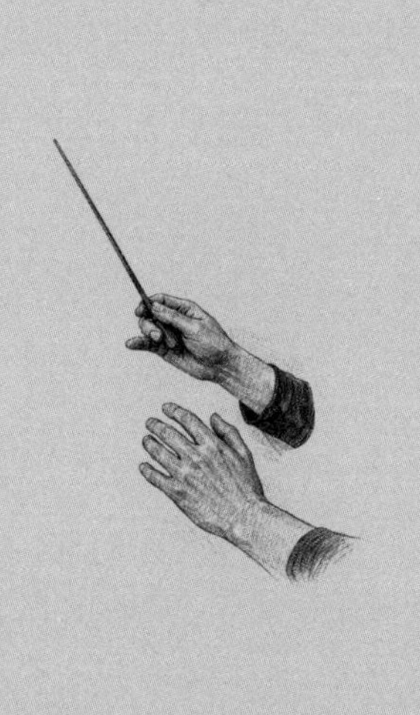

안단테
Andante

천천히,
리듬과
속도에 맞춰
한 걸음씩

앞서 제1악장에서는 힘을 빼고 속도를 조절하려는 자세가 공동체를 흔들림 없이 지켜내는 힘이 된다는 사실을 이야기했다. 이제 시선을 '나'에게로 돌려보려고 한다. 정확히는 '공동체 속의 나'다. 음악에서 '안단테'는 걷는 정도의 느린 빠르기를 뜻한다. 이를 우리 일상으로 옮겨오면, 남과 비교하지 않고 조급함에 휩쓸리지 않으면서도 자신만의 리듬을 지키라는 메시지가 된다.

제2악장은 개인의 내면을 성찰하며 나만의 속도를 찾는 일이 관계와 조직 안에서 왜 중요한지 다룬다. 불완전함을 인정하면서도 나답게 걸어갈 수 있는 용기, 외부의 압력에 휘둘리지 않고 자기 기준을 세우는 힘은 개인을 지키는 데 그치지 않는다. 조직에서 과도한 경쟁이나 불필요한 눈치를 줄이고, 서로를 존중하는 관계를 가능케 하는 토대다.

인생은 단거리 경주가 아니라 장거리 도보다. 빨리 가려는 마음은 쉽게 지치게 만들지만, 자기 템포를 지키며 꾸준히 걷는 사람은 끝까지 완주할 힘을 남긴다. 내 내면이 단단해야 관계에서 흔들리지 않고 리듬을 지킬 수 있을 때 타인의 리듬도 존중할 여유가 생긴다. 안단테의 걸음은 나를 지키는 방식이자 조직 안에서 건강한 관계를 맺게 하는 삶의 태도에 관해 성찰하게 해준다.

우리에게는 모두
자기만의 '모'가 있다

소리의 어우러짐이 중요한 합창과 달리 흑인영가는 각자의 개성을 존중한다. 흑인영가는 애초에 '예술'이 아닌 '생존'의 언어였다. 무대 위에서 완성도를 겨루기 위해 만들어진 음악이 아니라는 말이다. 노예로 살던 사람들이 살아남기 위해, 버티기 위해, 서로의 생존을 확인하기 위해 부르던 노래이자 신호였다.

악보도 없었다. 지휘자도 없었다. 정해진 파트도 없었다. 중요한 것은 정확함이 아니라 '존재'의 증명이었다. "나 아직 여기에 있다"는 신호였으며, "너는 혼자가 아니다"라는 응답이었다. 그래서 한 사람이 먼저 외치듯 노래하면 다른 사람들이 각자의 방식으로 응답했다. 이 구조가 이른바 '콜 앤드 리스폰스(Call and

Response)'다.

합창이 '소리를 맞추는' 음악이라면, 흑인영가는 '삶을 드러내는' 음악이다. 전통적인 합창이 음정의 통일, 리듬의 일치, 발음과 길이의 정렬을 통해 하나의 소리를 만들어간다면, 흑인영가에서는 누군가는 울부짖고, 누군가는 속삭이고, 누군가는 박자를 밀고, 누군가는 박자를 늦춘다. 그런데도 음악은 무너지지 않는다. 이유는 단순하다. 각자의 감정이 음악의 재료이기 때문이다. 흑인영가에서 개성은 방해 요소가 아니라 음악 그 자체다.

거친 '비브라토(vibrato, 음의 떨림)'도 흠으로 여기지 않는다. 한 사람 한 사람의 목소리가 저마다 다른 결을 지니고 있어도 억지로 맞추려 하지 않는다. 오히려 서로의 차이를 인정하고 균형을 맞춰가며 자유롭게 각자의 개성을 드러낸다. 그 다양한 음색들이 부딪치고 겹치면서 만들어내는 깊은 울림, 그것이 흑인영가만의 힘이다.

이와 마찬가지로 '모나다' 할 때의 '모'가 꼭 나쁜 것만은 아니다. 예민함이 다른 한편으론 섬세함일 수 있고, 날카롭다고 평가받는 것들이 명확함일 수 있다. 고집스러운 것들이 우직한 신념으로 드러날 수도, 답답해 보이는 태도가 신중함의 다른 모습일 수도 있기 때문이다. 타인에게 상처를 주지만 않는다면, 그 모난 구석은 충분히 나만의 개성으로 승화시킬 수 있다.

상처를 주는 건 타인이 아니라
내 안의 '모'일 수도 있다

어릴 적 나는 "모난 돌이 정 맞는다"는 말을 자주 들었다. 제멋 대로 튀지 말고 남들과 어울려 살라는 뜻에서 어른들이 해준 말 이었을 테다. '모'란 무엇일까? 사전은 '모'를 "까다롭거나 표가 나는 성격"으로 정의하지만, 실제 우리 삶에서 모는 그렇게 단순 하지 않다. 특별히 이상한 사람만 모가 난 것도 아니다. 우리는 모두 크고 작은 모를 지닌 채 살아간다. 한없이 부드러워 보이는 사람조차 관계의 어느 지점에서는 자기만의 모를 드러낸다.

모는 평소에는 드러나지 않다가 특정 순간 불쑥 튀어나와 관 계를 어색하게 만들고, 때로는 타인에게 상처를 준다. 나 역시 그 럴 때마다 자신을 책망하곤 했다. '나는 왜 이렇게 예민하지?', '왜 둥글게 넘기질 못하지?' 하고 말이다. 하지만 조금 더 들여다 보니, 단순한 성격 문제가 아니라 마음 깊은 곳에 쌓인 내 경험의 흔적이라는 걸 알 수 있었다.

대체로 사람들은 모난 성격을 까칠함이나 옹고집 정도로 이해 하지만, 실제로는 그 이면에 자리 잡은 억눌린 감정이나 오래된 상처인 경우가 많다. 모는 타고난 결함이라기보다 살아오며 부딪 히고 남은 흔적에 가깝다. 그 흔적을 다루는 법을 배우지 못해 나

타나는 서툰 반응일 수도 있다. 어쨌든 모난 반응이 그 사람 됨됨
이를 규정하지는 않는다.

　나도 그랬다. 내 삶을 돌아보면 내 '모'는 주로 열등감과 자격
지심에서 비롯했다. 가난 속에서 음악을 공부하며 느꼈던 소외
감, 유학을 다녀오지 못한 '비유학파'라는 꼬리표가 늘 나를 움츠
러들게 했다. 음악계에서 유학은 인정의 기준이자 인맥의 출발점
이었다. 그래서 지휘자의 꿈을 이야기할 때마다 내 안의 모가 뾰
족하게 튀어나왔다. 어느 날 한 시립합창단 공연을 관람하고 돌
아오는 길에 아내에게 이런 속내를 털어놓은 적이 있다.

　"솔직히 말해서 나는 오늘 공연 별로였어. 내가 지휘했으면 더
좋은 합창이 나왔을 거야."

　아내는 내 마음을 헤아리듯 말을 건넸다.

　"당신은 좋은 지휘자니까 그럴 수 있었겠지."

　위로였다. 하지만 이어진 아내의 걱정 섞인 한마디가 내 안의
예민한 모를 건드렸다.

　"근데 왜 그렇게 힘든 길을 택하려고 해? 단체를 맡으면 신경
쓸 일도 많고 눈치 볼 일도 많을 텐데…."

　분명히 나를 위한 조언이었지만, 내가 왜곡해서 받아들였다.
결국 우리는 다투고 말았다. 시간이 지나 돌이켜보니 문제는 아
내의 말이 아니라 그 말에 날을 세운 내 안의 '모'였다.

삶과 관계의 출발은
자기 자신을 아는 데서 시작된다

그날 이후 나는 스스로 돌아보는 시간을 가졌다. 모난 나를 이해하고 달랠 필요가 있다고 느꼈다. 나를 위한 위로의 말을 이렇게 적었다.

"진수야, 소심하고 긴장 많은 네가 그 많은 강연을 해내느라 수고 많았어. 선택하지 못한 환경 속에서 여기까지 온 것만으로도 충분히 잘해왔어."

잠시 마음을 다진 후 곰곰이 생각해보니, 변화는 나를 먼저 이해하는 데서 시작된다는 것을 깨달을 수 있었다. 내가 나를 인정해야 마음에 여유가 생기고 그 여유가 다른 사람들에게도 향할 수 있다는 사실을. 공동체 안에서도 마찬가지다. 자기 자신을 몰아붙이는 사람일수록 타인에게도 날을 세우기 쉽다. 스스로 여유가 없는 사람이 남들에게 내어줄 공간이 있을 리 만무하다.

물론 나는 여전히, 지금도, 모난 사람이다. 다만 이제는 그것을 숨기거나 부정하려고 들지 않는다. 모를 감추려고 할수록 인간관계 속에서 더 날카롭게 튀어나온다는 걸 깨달았기 때문이다. 그렇다면 이런 모를 어떻게 대하고 다루면 좋을까? 예민함은 세심함으로, 날카로움은 정확함으로, 고집은 중심을 지키는 힘으로 작용할 수 있다. 공동체는 서로 다른 모들이 충돌 없이 사라질 때가 아닌, 조절되고 존중될 때 비로소 단단해진다.

삶과 관계의 출발점은 결국 나를 아는 데 있다. 내가 어떤 성향을 지닌 사람인지, 무엇에 강하고 무엇에 흔들리는지를 정확히 아는 순간 관계의 혼란은 눈에 띄게 사그라진다. 자기 인식이 분명해질수록 공동체 안에서 내가 서야 할 자리와 지켜야 할 기준도 또렷해진다.

반대로 자신을 모른 채 관계를 맺고 공동체 속에 놓이면 불필요한 오해와 방어가 반복된다. 상대에게 과도하게 맞추거나, 이유 없이 상처받거나, 필요 이상으로 자신을 증명하려고 든다. 그러나 있는 그대로의 나를 받아들이기 시작하면 관계에서 소모되는 에너지가 줄어든다.

자기 이해에서 비롯된 여유는 자연스럽게 타인을 향한 관대함으로 이어진다. 자기 기준이 분명한 사람은 타인의 다름을 위협으로 느끼지 않는다. 그럴 때 관계는 덜 흔들리고, 팀과 공동체는 각자의 역할이 살아있는 구조로 작동하기 시작한다. 각자 다른 모양을 지닌 사람들이 서로의 울퉁불퉁함을 견디며 함께 살아갈 때 공동체는 조화롭게 어우러질 수 있다. 완벽한 사람이 되는 게 아니라, 모난 채 서로를 존중하며 함께 가려는 태도가 중요하다. 에리히 프롬(Erich Fromm)도 《사랑의 기술(The Art of Loving)》에서 말하지 않았던가.

　"자기 자신을 사랑할 줄 모르는 사람은 결코 타인을 사랑할 수
없다."

관계 속에서 발견하는 '모',
관계 속에서 둥글어지는 '나'

합창단에서 오랜 시간을 보내며 깨달은 사실이 또 있다. 혼자 노래할 때는 절대로 알 수 없었던 내 목소리의 진짜 색깔과 모습을 다른 사람들과 함께 노래 부르면서 비로소 발견했다. 각자 다른 음색, 톤, 발성법을 가진 사람들 사이에서 내 목소리는 서서히 드러나고 섬세하게 조율된다. 때로는 내가 미처 알아차리지 못했던 장점이 스며 나오기도 하고, 때로는 보완해야 할 약점이 자연스럽게 드러나기도 한다. 다른 이들과 조화를 이루고자 노력하는 과정에서 우리의 목소리는 점점 더 깊이 있고 묵직한 소리로 성숙해진다.

타인과의 관계 속에서
더욱 선명하게 드러나는 나

사람과 사람 사이의 관계도 다르지 않다. 팀이나 조직 내 협업을 통해 혼자서라면 알지 못했을 우리 자신의 모습과 마주하게 된다. 회의할 때만 보더라도 각자의 성향이 고스란히 드러난다. 누군가는 즉흥적으로 아이디어를 쏟아내고, 누군가는 충분한 검토 후에야 의견을 낸다. 프로젝트 마감일을 앞두고 누군가는 미리미리 준비하는 반면, 누군가는 막판에 스퍼트를 올린다. 같은 피드백을 받고도 어떤 동료는 즉시 개선안을 제시하고, 어떤 동료는 시간을 두고 깊이 고민한다.

갈등은 대부분 이런 작은 차이에서 시작된다. 우리는 자기도 모르게 '나와 같지 않음', '내가 이해할 수 없음'에 방점을 찍으며 '저 사람 이상해', '저 사람이 문제야' 하고 결론을 내리곤 한다. 하지만 정작 누가 맞고 틀리느냐가 문제가 있는 경우는 적다. 방식의 차이를 어떻게 받아들이느냐가 갈등의 핵심인 경우가 훨씬 많다.

그런데 여기서 한 가지 생각할 부분이 있다. 사람들 대부분은 인간관계에서 문제를 겪을 때 자신을 '피해자'라고 느낀다는 점이다. 저마다 다 피해자라면 갈등의 '가해자'는 대체 누구일까?

사실 우리 모두 상황에 따라 피해자이기도 하고 가해자이기도 하다. 그런데 자기가 어떤 순간에 민감해지고 어디에서 방어적으로 바뀌는지 알지 못한 채 협업에 뛰어들면 팀 내에 긴장감이 감돌 때 그 탓을 다른 사람에게 돌리게 된다. 한 정신과 의사가 이런 이야기를 들려준 적이 있다.

"많은 환자가 자신의 문제를 드러내는 걸 극도로 두려워해요. 그래서 회피하거나 망각으로 상처를 덮어두죠. 스스로 모난 부분을 인정하기 어려운 겁니다."

조직에서도 이와 비슷한 모습이 나타난다. 자기 문제를 자기가 인지하지 못한 채 행동이 반복되면, 당사자는 아무런 문제 없다고 느끼지만 주변 동료들은 서서히 에너지를 잃는다. 갈등의 원인을 외부 요인으로만 돌리는 사람에게서 흔히 보이는 전형적인 패턴이다. 개인은 무감각한데 팀 전체는 피로해지는 이유가 여기에 있다. 자기 인식의 결핍이 결국 조직의 소통을 방해하고 관계에 균열을 키우는 것이다.

불편함과 갈등은
건강한 팀워크의 출발점이다

모든 사람에게는 저마다 모난 구석이 있다. 그리고 이 모는 팀 내의 역할, 의사소통, 협업에서 주로 드러난다. 가까웠던 동료와도 의견이 충돌하고, 같은 목적을 향해 일하면서도 감정에 마찰이 생긴다.

의사결정 과정만 봐도 그렇다. 어떤 사람은 빠른 실행을 중시하고, 어떤 사람은 신중한 검토를 우선시한다. 메신저로 소통할 때도 누군가는 간결한 답변을 선호하고, 누군가는 자세한 설명을 원한다. 이런 차이들이 쌓이면서 '왜 저 사람은 저러지?' 하는 불만으로 이어진다. 그러나 서로의 리듬이 부딪치고 어긋나는 그런 불편함 자체가 오히려 건강한 팀워크의 출발점이다.

사람은 혼자서는 자신의 모를 온전히 알 수 없다. 우리는 타인과의 협업, 충돌, 피드백을 통해 장단점, 강약점, 자신만의 특성을 알게 된다. 동료가 나를 비추는 거울이 되기 때문이다. 서로의 모난 지점을 알아차리고 맞춰가는 그 순간부터 진정한 팀워크의 가능성이 열린다. 그렇기에 팀 내에서 갈등을 무조건 피하려는 태도는 더 큰 위험을 몰고 온다. 나도 한때는 이렇게 생각했다.

'왜 다들 내 마음 같지 않지?'

'일일이 이해시키느니 그냥 혼자 일하는 게 편하겠다.'

하지만 알다시피 조직은 혼자 일하는 곳이 아니다. 서로 다른 역량을 가진 사람들이 모여 더 나은 결과를 만들어내기 위해 존재하는 공동체다. 문제를 회피하고 자기만의 방식만 고집하면 그 경직된 태도가 팀 전체의 에너지를 갉아먹는다.

협업은 각자의 모를 드러내고 조율하는 공동의 과정에서 시작된다. 이 조율은 개인에게 맡겨둘 수 있는 일이 아니다. 팀 안의 갈등은 특정한 누군가의 과제가 아닌 함께 책임지고 풀어야 할 숙제다. 서로의 차이를 마주하고 조정하는 경험이 쌓일 때 개인의 변화는 자연스럽게 팀의 실행력과 조직의 성장으로 연결된다.

서로의 모가 만나 다듬어질 때 놀라운 결과가 나온다

"철이 철을 날카롭게 하는 것 같이, 사람이 그 친구의 얼굴을 빛나게 하느니라."

성경 〈잠언〉 27장 17절에 나오는 비유다. 우리도 서로를 통해 성장한다. 철이 서로를 갈고 닦아 더 날카로워지듯, 팀원들과의 상호작용 속에서 우리는 더 나은 모습으로 다듬어진다. 모난 부분을 다듬어 자신만의 강점으로 만들어가려면 어떻게 해야 할까? 크게 두 가지 노력이 필요하다.

첫째, 어떤 상황에서 내 모가 드러나는지를 인식하고, 팀워크에 어떤 영향을 미치는지 돌아봐야 한다. 스트레스를 받을 때 나는 어떻게 반응하는가? 압박감 속에서 내 의사소통 방식은 어떻게 변하는가?

둘째, 팀원과의 협업, 상호작용, 갈등 속에서 부정적인 경험을 긍정적인 성장 기회로 전환하려는 의지가 필요하다. 예를 들면 '저 친구는 자기 고집이 너무 강해서 함께 일하면 피곤해'라는 생각을 '의견이 분명한 사람이니 역할과 소통 방식을 조정하면 맡은 일을 잘할 거야' 식으로 바꿀 수 있다.

사람마다 일하는 방식과 감정선, 말투, 표현 방식이 다를 수밖에 없다. 팀은 하나의 오케스트라이고, 그 안의 각기 다른 소리는 조화를 이루기 위해 존재한다. 바이올린이 첼로 소리를 낼 수도 없고 그럴 필요도 없다. 각자의 음색이 모여 풍성한 하모니를 이루는 것처럼, 조직 안에서 내 모는 '불편함'이 아니라 '특징'이며, 다른 팀원의 모 또한 '문제'가 아니라 '가능성'이다.

각자의 모난 부분이 만나 서로를 다듬어갈 때 놀라운 결과가 나온다. 완벽하게 둥근 사람들이 모여 일하는 게 아니라, 각자의 뾰족함이 맞물려 돌아가는 톱니바퀴처럼 서로 다른 강점으로 시너지를 만들어가는 것이 진짜 팀워크다.

오늘도 회의실에서, 메신저에서, 협업에서 서로의 모를 마주할 것이다. 그 모를 불편함으로만 볼지 성장의 기회로 받아들일지는 우리의 선택이다. 서로 있는 그대로 받아들이고 조율할 수 있을 때 비로소 우리는 개인이 아닌 공동체의 일원으로 거듭날 수 있다.

멀지도 가깝지도 않게
적당한 거리를 둔다는 것

찰리 채플린(Charles Chaplin)의 명언 중에 이런 말이 있다.

"나는 신과 평화롭게 지낸다. 다만 인간과 갈등이 있을 뿐이다."

이 말처럼 함께 어우러져 지내는 사람끼리 아무런 갈등도 없이 좋기만 할 수는 없을 것이다. 그런데도 우리는 어릴 때 "모든 사람과 잘 지내야 한다"고 배웠다. 어릴 때뿐인가, 성인이 돼서도 모든 사람과 두루 잘 지내고, 싫어도 내색하지 말고, 좋은 게 좋은 것이라는 식으로 관계를 바라보곤 했다.

그러나 정말 그래야 할까? 나를 지치게 하고 내 자존감을 흔드는 관계여도 무조건 잘 지내야 할까? 사람마다 상황이 다를 테고 직장 선후배나 가족처럼 완전히 끊기 어려운 관계도 있을 것이다. 그렇더라도 나를 마냥 힘들게만 하거나 갉아먹기만 하는 관계라면 거리를 둘 필요가 있다. 멀어진다는 게 꼭 인간관계 실패로 이어지는 것은 아니며, 때로는 더 건강한 관계가 되기 위한 과정일 수도 있다.

완벽함을 내려놓으면 인간관계가 수월해진다

우리는 인간관계를 어려워한다. 잘못된 생각도 한몫한다. 관계가 어려워질 때마다 '내가 뭔가 잘못했나?' 하고 자책하곤 한다. 왜 스스로 책망하게 되는 걸까? 심리학에서 말하는 '관계에 대한 세 가지 잘못된 믿음'이 그 이유를 잘 설명해준다.

첫째, 내가 더 배려하고, 더 이해하고, 더 양보하면 관계가 좋아질 거라는 믿음 때문이다. 관계는 혼자서 만드는 게 아니다. 한쪽만 계속 주는 관계는 결국 주는 사람을 지치게 하고, 받는 사람에게는 호의를 권리로 여기게 만든다.

둘째, 언젠가 나와 딱 맞는 사람을 만나면 갈등 없이 편안한 관계를 유지할 수 있을 거라는 믿음 때문이다. 아무리 잘 맞는 사람들도 서로 다른 개체임을 알아야 한다. 차이를 인정하고 조율하는 것이 건강한 관계의 출발점이다.

셋째, 내 진심과 선의를 언젠가 상대방도 인정할 거라는 믿음이다. 의도와 결과는 엄연히 다르다. 내가 아무리 좋은 마음으로 한 행동이라도 상대방이 부담스러워하거나 원하지 않는다면 관계에 아무런 도움도 되지 않는다.

이런 잘못된 믿음 때문에 문제가 생긴 관계에서도 '계속 더 노력해야 한다'고 생각하는 것이다. 나 역시 이런 착각에 빠져 있었다. 상대가 내 마음을 몰라줄 때마다 '내가 더 잘해야지' 하며 애썼고, '내게 맞는 사람은 따로 있을 거야' 하며 스스로 위로했다. 하지만 지나고 보니 이런 생각 때문에 오히려 더 상처받는 경우가 많았다.

완벽한 인간관계란 애당초 존재하지 않는다. 우리의 관계는 언제든 문제가 생길 수 있다. 어떻게 해결하느냐가 중요할 뿐이다. 관계의 늪에 빠져 힘들어하다가 이 사실을 인정하고 나니 마음이 훨씬 편해졌다. 관계의 어려움이 반드시 누군가의 잘못 때문은 아니라는 것, 그저 인간이기에 겪는 자연스러운 과정이라는 사실을 받아들이자. 그러면 인간관계가 한결 수월해진다.

너와 나를 보호하는
너와 나의 안전거리

어떤 후배에게 들은 이야기다. 그와 같은 부서에서 일하는 사람 중에 늘 부정적인 에너지를 전파하고 다니는 선배가 있는데, 이 친구가 아이디어를 낼 때마다 이렇게 말했단다.

"그거 예전에도 해봤는데 안 됐어. 시간 낭비야."

"어차피 위에서 반대할 텐데 왜 그런 걸 기획해?"

점심시간이면 어김없이 다가와서는 이런 말들을 쏟아냈다.

"팀장이 또 말도 안 되는 소리를 하더라고. 회사 망하는 소리가 들려."

"김 대리 말이야, 왠지 다른 사람들 좀 무시하는 것 같지 않아? 뭔가 건방진 게 영 맘에 안 들어."

"적당히 일하고 챙길 거 챙겨. 조직은 개인을 보호해주지 않아."

처음에는 '좋은 게 좋은 것'이라는 마음으로 맞장구를 쳐줬단다. 그런데 몇 달 지나니 문제가 생겼음을 느꼈다. 자기도 모르게 부정적인 감정이 전염돼 실제로 회사에 불만이 늘었다는 것이었다. 더욱이 작은 일에도 불쑥불쑥 짜증이 밀려왔다. 어느 날엔가는 웃고 있는 김 대리가 아무 이유 없이 꼴도 보기 싫었다.

그런 상황에서 벗어나기 위해 결국 후배는 결심했다. 그 선배와 일은 같이 하되 개인적인 대화는 피하기로 한 것이다. 점심은 다른 동료들과 먹고, 그 선배가 불만을 터뜨리기 시작하면 "급한 업무가 있어서요" 하고 눈치껏 자리를 피했다. 처음엔 좀 미안했지만 몇 주 후 놀라운 변화가 생겼다. 짜증이나 부정적 감정이 줄고 일에 집중이 더 잘됐다. 다른 동료들과의 관계도 더 좋아졌다.

이게 바로 '적당한 거리'의 힘이다. 상대를 완전히 차단할 필요는 없지만, 나를 지킬 수 있는 선에서 관계를 조정하는 현명함이 필요하다. 적당한 거리두기는 나를 보호하는 안전장치임을 기억하자.

너무 가까우면 얽히고 너무 멀면 오해가 생긴다

합창단에서 아름다운 화음을 만들려면 세 가지가 필요하다. '호흡'과 '템포' 그리고 '표현'이다. '호흡'은 들이쉬기와 내쉬기를 통해 좋은 울림을 만들어내기 위한 발성의 에너지원이다. 내 호흡이 불안정하면 다른 사람과 음을 맞출 수 없다. 관계도 마찬가지다. 우선 호흡을 통해 나를 다스린 후에야 타인과 호흡을 맞출 수 있다. 자기 돌봄은 이기심이 아니라 관계의 기반이다.

'템포'는 곡의 빠르기를 말하는데, 어떤 사람은 빠르게 불러야 하고 어떤 사람은 느리게 불러야 하는 경우가 있다. 음악에서 서로 다른 템포를 무시하면 곡이 엉망이 된다. 관계에서도 템포를 통해 나와 다른 속도를 가진 사람들을 이해해야 균형이 맞는다.

'표현'은 크게 소리의 강약이나 끊고 맺음인데, 이때 곡에 대한 자신의 해석이 들어간다. 관계도 그렇다. 같은 말이라도 적절한 표현으로 내 진심을 상대방에게 잘 전달해야 신뢰가 형성되고 서로 존중하게 된다.

음악처럼 인간관계도 호흡을 맞추고 속도를 존중하며 표현을 신중히 해야 한다. 너무 가까우면 감정적으로 얽히고, 너무 멀면 불필요한 오해가 생긴다. 적당한 거리가 있어야 더 명확하고 건강한 소통이 가능하다.

나와 팀을 보호하는
일의 거리 조절

조직에서 적당한 거리는 개인 관계뿐 아니라 팀 전체에도 적용된다. 한번은 강연에서 만난 직장인이 번아웃으로 힘들었던 시기에 대해 털어놓은 적이 있다.

"매일 새벽같이 출근해 밤늦게 퇴근하는 생활이 계속되면서, 어느 날 책상 앞에 앉아 있는데도 글 한 줄이 눈에 들어오지 않더군요. 회의 시간에도 상사의 말이 귀에 들어오지 않고요."

결국 그는 병가를 내고 쉬면서 업무와 거리를 두기로 결심했다. 삶의 우선순위도 다시 세웠다. 야근을 줄이고 가족과 시간을 보내자 놀랍게도 오히려 업무 효율이 높아졌다.

"처음엔 일에서 멀어지는 게 두려웠어요. 하지만 한 발짝 떨어져서 보니 제가 왜 번아웃에 빠졌는지 알겠더라고요. 모든 일에 100퍼센트를 쏟아부으려고 했던 거죠. 지금은 중요한 일과 그렇지 않은 일을 구분하고, 팀원들과도 업무를 나눕니다. 혼자 다 해결하려던 습관을 버리니 팀 전체가 더 잘 돌아가기 시작했어요."

이처럼 일에서도 적당한 거리 조절은 필수다. 모든 문제를 내가 해결하려고 들거나 모든 사람과 가깝게 지내려고 하면 오히려 번아웃이 온다. 때로는 한 걸음 물러서서 관계를 객관적으로 보는 게 자신과 팀 모두를 보호하는 방법이다. 관계가 가까워질수록 좋다고 생각하기 쉽지만 지나치게 밀착하면 오히려 갈등이 커질 가능성이 높다. 외로움은 물리적 거리 때문이 아니라 심리적 독립성을 잃을 때 생긴다.

결국 관계에서 중요한 것은 너무 멀지도 너무 가깝지도 않은

균형을 찾는 일이다. 음악에서 호흡, 템포, 표현이 어우러져 조화
를 이루듯, 조직에서도 각자의 공간을 허락하고 존중할 때 건강
한 화음이 만들어진다.

완벽을 강요하는 사회에서
불완전을 수용하며 함께 살기

'휴지기'를 생물학적 관점에서 보면 세포 주기에서 분열기를 제외한 기간을 의미한다. 이 시기는 겉으로는 성장을 멈추고 쉬는 것처럼 보이지만, 실제로는 세포가 성장하고 DNA를 복제하며 다음 분열을 준비하는 매우 활발한 단계다. 더 흥미로운 부분은 이 과정이 완벽하지 않다는 점이다. DNA 복제 과정에서 가끔 오류가 발생하고, 세포는 이를 고치려고 하지만 모든 실수를 바로잡지는 못한다. 그래도 생명은 계속 이어져간다. 완벽하지 않아도 괜찮다는 듯 말이다.

우리 삶도 세포와 닮았다. 표면적으로는 멈춘 듯 보여도 그 안에서는 불완전한 상태로 조금씩 성장하고 있다. 그리고 그 성장은 언제나 혼자가 아닌 타인과의 관계 속에서 함께 이뤄진다.

완벽하지 않은 덕분에
서로를 채울 수 있다

음악에도 비슷한 개념이 있다. 합주곡이나 합창곡에서 모든 악기와 파트가 동시에 연주를 멈추는 구간을 '제너럴포즈(Generalpause)'라고 부른다. 흔히 온쉼표 위에 'G.P.'라고 줄여서 표기하는데, 지휘자가 다음을 준비하는 긴장된 자세로 공기를 붙잡고 있는 상태를 떠올리면 된다. 연주자들 또한 호흡과 시선을 지휘자에게 집중한 채 기다리고 있다. 악곡의 흐름을 단번에 끊어내 청중에게 긴장과 집중을 주는 기법이다. 이때 청중도 다음에 나올 소리를 기대하며 긴장 속에서 숨을 죽이고 기다리게 된다.

하지만 실제 연주에서는 이 순간이 꼭 완벽한 침묵으로만 이뤄지지는 않는다. 연주자들이 들이쉬는 작은 숨소리, 악기에서 흘러나오는 아주 미세한 잡음, 객석에서 나는 옷깃 스치는 소리까지 함께 섞인다. 다시 말해 공연장에 절대적 정적은 존재하지 않는다.

지휘를 하면서 이런 순간을 여러 번 경험했다. 연주자들이 아무리 완벽한 침묵을 만들려고 애써도 긴장과 경직이 느껴졌다. 그런데 그 불완전한 소리를 억지로 없애려 하지 않고 있는 그대로 뒀을 때 그 순간이 오히려 살아있는 음악으로 변했다. 청중은 그 미세한 소리 속에서 인간적인 따뜻함을 느꼈고, 계산된 침묵보다 훨씬 더 큰 감동을 받았다. 음악은 개인의 완성도를 증명하는 장이 아니라 서로의 불완전함을 견디며 함께 울리는 관계의 예술임을 그때 깨달았다.

침묵 속에서 울리는 소리, 존 케이지의 〈4분 33초〉

이런 깨달음이 비단 나만의 것은 아니었다. 20세기 위대한 작곡가 존 케이지(John Cage)가 일찌감치 음악을 통해 같은 메시지를 전하고자 했다.

1952년에 발표한 그의 피아노 연주곡 〈4분 33초(4′33″)〉는 모든 악장이 쉼표로만 구성된 곡이다. 연주자는 피아노 앞에 앉아 건반을 치지 않는다. 즉, 아무 연주도 하지 않는다. 청중은 4분 33초 동안의 침묵을 경험한다.

그러나 그 침묵은 앞서 말했듯이 결코 완전한 고요가 아니다.

객석에서 들려오는 기침 소리, 관객들이 몸을 움직이며 내는 작은 마찰음, 프로그램북을 뒤적이는 바스락거림, 창밖에서 스며드는 바람 소리와 자동차 소리, 사람들의 숨소리까지…. 그 모든 게 곡의 일부가 된다. 연주회마다 다른 소리가 울려 퍼지기 때문에 이 곡은 단 한 번도 같은 방식으로 연주된 적이 없다.

케이지는 이를 통해 "침묵조차 음악이 된다"는 메시지를 전한다. 우리가 통제하려고 하는 정적 속에서도 타인의 존재는 끊임없이 드러나며, 그 예측 불가능함이야말로 함께 살아가는 현실임을 보여준다.

그렇다. 완벽한 침묵은 존재하지 않는다. 그 불완전함이야말로 음악을, 그리고 사람과 사람이 관계를 맺고 살아가는 삶의 구조를 더욱 풍요롭게 만드는 것이다.

개인이든 공동체든
빈틈이 있어야 숨을 쉰다

음악이 그렇다면 우리가 살아가는 일상에서는 어떨까? 음악에서 완벽한 침묵이 불가능하듯이 삶에서도 모든 것을 완벽하게 통제할 수 없다. 우리는 늘 누군가와 함께 부대끼며 살아가고, 예상치 못한 갈등을 겪어야 하며, 계획에 없던 변수를 마주한다. 현실에서 내 마음과 의지대로 할 수 있는 것은 사실상 없다.

그런데도 현대 사회는 끊임없이 완벽함을 요구한다. 언제나 탁월한 성과, 빈틈없는 계획, 위험 없는 결과를 기대한다. 실수는 용납되지 않고, 부족함은 감춰야 할 약점으로 치부된다. 그래서 우리는 모든 것을 통제하려 들고, 예측할 수 있게 만들고자 애쓴다. 그 과정에서 인간관계도 성과와 효율의 기준으로 평가받는다. 하지만 우리 삶은 예상치 못한 변수로 가득하다. 그 변수의 상당수는 사람 사이에서 발생한다.

변수를 접할 때마다 우리는 쉽게 좌절한다. '왜 나는 이런 것도 제대로 하지 못할까?', '다른 사람들은 다 잘하는 것 같은데', 이렇게 자꾸만 자신을 탓하며 마음이 쪼그라든다. 이런 태도가 지속되면 관계에서도 주체적이기보다는 수동적이고 소극적일 수밖에 없다.

잠시 멈춰 서서 곰곰이 생각해보자. 완벽함만 좇다가 정작 중요한 것들을 놓치고 있는 건 아닌지. 실수를 두려워하는 마음 때문에 오히려 더 경직되고, 진짜 성장의 기회를 잃고 있는 건 아닌지.

완벽함을 향한 집착은 개인만 번아웃시키는 게 아니다. 실수를 허용하지 않는 분위기는 조직을 경직시키고, 침묵을 강요하

며, 결국 공동체의 회복력을 약화한다. 불완전함과 함께 걷는다
는 것은 체념했다는 의미가 아니다. 관계 속에서 발생하는 어긋
남과 오류를 성장의 일부로 받아들이는 자세다. 게네랄파우제의
침묵이 완벽하지 않아도 음악은 살아있듯, 개인이든 공동체든 빈
틈이 있어야 숨을 쉰다.

음악 연주에 완벽한 정적이 존재하지 않는 것처럼 우리의 삶
과 관계 역시 흔들림과 잡음으로 가득 차 있다. 그러니 부족하다
고 해서 자신을 재촉할 까닭은 없다. 모두가 완벽해야만 유지되
는 공동체는 오래가지 못한다. 불완전한 지금 이 순간에도 우리
는 이미 누군가와 연결돼 있고, 그 연결 속에서 각자의 몫을 살아
내고 있다.

생각해보면 내가 가장 편안함을 느꼈던 관계도 완벽함을 증명
해야 하는 자리가 아니었다. 실수했을 때 "괜찮아, 다시 해보자"
하고 말해주던 동료가 있었고, 다듬어지지 않은 생각을 내놓아도
끝까지 들어주던 친구가 있었다. 서툰 시도를 결과보다 태도로
평가해주던 공동체도 있었다. 그런 관계 속에서 나는 비로소 숨
쉴 수 있었다.

여러분은 어떤가? 완벽해야만 인정받을 수 있다고 믿으면서
스스로 옥죄고 있지는 않은지. 또는 누군가의 불완전함을 견디지
못해 관계에서 한발 물러서 있지는 않은지. 불완전함을 안고도

차분하게 걸어가는 삶이야말로 자신을 지키는 선택이자 공동체
를 단단하게 만드는 힘이다. 우리는 그 길 위에서 이미 서로에게
기대어 서 있다.

조급함에 마음을 뺏기면
일의 본질을 잊게 된다

금방이라도 심장이 터질 듯이 요동쳤다. 마흔 명의 성악과 신입생들이 차례로 오디션장을 나올 때마다 나는 땀에 젖은 손바닥을 연신 쥐었다 폈다 했다. 어떤 얼굴은 안도의 미소를 띠었으며, 또 어떤 얼굴은 낙담으로 굳어 있었다. 그 대비가 너무 선명해서 오히려 긴장감이 더 커졌다.

'제발 빨리 끝났으면 좋겠네.'

중앙대학교 매스터코랄 오디션. 모든 성악과 신입생이 반드시 거쳐야 하는 통과의례였지만, 내게는 그저 지나가야 할 관문일 뿐이었다. 당시엔 합창단에 몸담을 생각이 전혀 없었으니까. 내 꿈은 오페라 무대였고, 합창은 그 길을 가는 데 거쳐야 할 우회로 정도로만 여겼었다.

"김진수!"

마침내 내 이름이 불렸다. 유난히 무겁게 느껴지는 발걸음. 오디션장에 들어서자 교수님을 비롯한 심사위원들의 시선이 일제히 나를 향했다. 그 순간 숨이 가빠오며 가슴이 철렁 내려앉았다.

조급한 마음이
막막함을 불러내다

나는 당시에 푹 빠져 있던 프란츠 슈베르트(Franz Schubert)의 연가곡 〈백조의 노래(Schwanengesang)〉 가운데 '그녀의 초상(Ihr Bild)'을 불렀다. 떨리는 목소리로 시작했지만, 노래가 진행될수록 긴장이 풀리면서 내 안의 감정이 쏟아져 나왔다.

노래를 마치자 이상한 정적이 감돌았다. 너무 조용했다. '혹시 잘못 불렀나?', '내 노래가 별로였나?' 하는 불안감이 엄습해오는 순간, 심사위원 윤학원 교수님이 나를 향해 환한 미소를 지으며 말씀하셨다.

"합창에 적합한 목소리를 타고난 학생이군. 아주 좋아."

"목소리를 타고났다"는 칭찬에 나는 긴장을 내려놓고 비로소 미소를 보일 수 있었다. 학과 내에서 모두가 존경하는 스승이자 지휘자인 교수님께 인정받다니, 벅찬 감정이 밀려왔다. 오디션 결과는 합격이었다.

하지만 나는 합격 통보에 마냥 기뻐할 수 없었다. 이미 말했듯이 합창단에서 활동할 생각이 전혀 없었기 때문이다. 나는 오페라 가수가 되고 싶었고, 선배들도 "매스터코랄에 들어가면 오페라 가수로 성공할 수 없다"고 충고했었다. 지방과 해외 연주로 인한 경제적 부담도 걱정됐다. 결국 나는 합창단 입단을 포기하기로 했다. 그런 내게 합창단 총무가 의외의 말을 전해줬다. 윤학원 교수님께서 나를 꼭 합창단원으로 데려가야 한다고 말씀하셨다는 것이었다.

칭찬과 인정만큼 훌륭한 채찍은 없는 법. 그 말을 들은 순간 마음이 완전히 달라졌다. 지금까지 누구도 내 목소리에 특별한 관심을 보이지 않았는데, 음악계의 거장이 나를 직접 지목했다지 않은가! 오랜 갈증이 단번에 해소되는 것만 같았다. 이런 기회를 마다할 이유가 있을까? 결국 나는 합창단에 들어가기로 마음을 바꿨다.

교수님의 기대와 환영 속에서 합창단에 정식으로 발을 내디뎠고, 나는 순식간에 합창의 매력에 빠져들었다. 단원들의 목소리에 내 목소리를 더하고, 다양한 음색이 모여 하나의 소리가 되는 그 순간은 마치 아름다운 꿈을 꾸고 있는 것처럼 환상적이었다.

그렇게 시작은 우연이었지만, 합창은 내 음악 인생에서 빠질 수 없는 축이 됐다. 대학 시절 내내 합창은 나를 단련시켰고, 무대 위에서의 경험은 나를 조금씩 성악가로, 또 한 사람의 음악인으로 성장시켰다. 그러나 시간이 흘러 졸업을 앞두자 나는 다시 선택의 기로에 설 수밖에 없었다.

비교의 늪에서 벗어나
나 자체로 존재할 것

졸업을 앞둔 성악과 학생에게는 두 가지 선택지가 있었다. 유학을 떠나거나, 시립합창단에 취직하는 것. 나는 당연히 유학을 꿈꿨지만, 현실적인 벽에 부딪혀 포기할 수밖에 없었다. 남은 길은 시립합창단뿐이었다.

그런데 여기서 문제가 생겼다. 너무 성급하게 굴었다. 오디션에 임하는 마음가짐부터 잘못돼 있었다. '빨리 취업해야 한다', '다른 동기들에게 뒤처질 수 없다'는 조급함이 나를 지배했다. 차분히 준비할 여유 따위는 없었다. 당장 결과가 나와야 했다. 그렇지만 결과는 참담했다. 지원한 곳마다 모두 낙방이었다. 특히 악보만 보고 불러야 하는 시창(視唱, sight-singing)에서 번번이 무너졌다. 늦게 시작한 음악 공부의 한계가 그대로 드러났다.

신입생 시절에는 관심도 없던 교내 합창단 오디션에 덜컥 합격하더니, 이제는 유일한 나의 진로인 합창단 오디션에서 낙방의 고배를 마시는 신세라니. 어느 것 하나 내 뜻대로 되는 일이 없었고 절망적인 마음뿐이었다.

그때 비로소 깨달았다. 지금까지 내가 너무 조급하게 살아왔다는 것을. 남들과 끊임없이 비교하며 뒤처지는 것을 두려워했고, 눈앞의 빠른 결과만을 좇았다. 기본기는 뒤로 미룬 채 화려한 목표에만 매몰됐다. 무슨 일이든 눈에 띄는 성과에만 집착하다 보면 정작 그 일의 본질을 놓치게 된다. 내 경우에는 결국 그 허술함이 오디션장에서 여지없이 드러났다.

때로는 멀리 돌아가는 길이 가장 빠른 길이다

두 달 뒤, 국립합창단 오디션이 있었다. 거듭된 낙방으로 자신감을 잃은 나는 간절한 심정으로 악보를 들여다보며 공부했다. 그런데 악보를 보고 있자니 힘들었던 매스터코랄 합창단 시절이

새록새록 떠올랐다. 그때는 정해진 틀 안에서나마 음악을 할 수 있었는데, 지금은 오디션 합격조차 못 하고 있지 않은가! 언제까지 이상과 현실의 괴리에 빠져 우왕좌왕할 수는 없었다.

상황이 절박해지자 오히려 그 상황을 극복할 지혜가 떠올랐다. 급할수록 돌아가야 한다는 말. '내 마음대로 노래하고 싶다'는 소망을 잠시 접어두고, 가장 기본적인 것부터 다시 시작하기로 했다. 현실에 발을 딛지 않고 뜬구름 잡듯 이상향만 바라볼 수는 없었다. 경쟁에서 이기려는 조급한 마음을 내려놓고 나만의 속도로 천천히 걸어가기로 했다. 세 권의 시창 책을 사서 하루 여덟아홉 시간을 연습해 모두 외웠다. 남들보다 10년 늦게 시작했으니 그만큼 더 꾸준히 더 차분히 기본기를 다져야 했다. 단기간에 결과를 내려는 조급함 대신 장기적으로 무너지지 않을 방법을 선택한 것이다.

그러자 놀라운 변화가 일어났다. 성급함을 버리고 천천히 기본기에 집중하니 오히려 마음이 편해졌다. 다른 사람들과 비교하지 않고 오로지 나 자신과의 약속에만 집중했다. 매일매일 조금씩 나아지는 내 모습을 느끼면서 처음으로 음악 공부 자체가 즐거워졌다. 그렇게 마침내 1차 오디션에 합격했다. 그보다 더 중요한 것은 그 과정에서 배웠다는 데 있었다. 급하게 앞서가려 할 때는 보이지 않던 것들이 천천히 걸을 때 비로소 눈에 들어왔다.

일반적으로 악기를 연주하는 아이들은 열 살이 되기 전부터 음악 공부를 하며 악보를 본다. 성악이나 합창을 하는 아이들은 늦어도 변성기가 끝날 즈음부터는 악보를 보기 시작한다. 그들에 비해 나는 10년 이상 늦게 시작했다. 당연히 악보를 보는 능력에서도 엄청난 간극이 있었다. 예전 같았으면 이런 현실을 받아들이기 어려웠을 것이다. 남들과 비교하며 조바심만 냈을 테니까. 하지만 이제는 달랐다. 나만의 속도로 걸어가면 된다는 마음의 여유가 생겼다.

악보를 보고 노래를 부르는 기본적인 훈련이 잘돼 있어야 곡의 해석력도 좋아진다. 더 멋진 소리를 내거나 나만의 감성을 담는 것은 그다음 일이다. 숫자조차 외우지 않은 상태에서 더하기, 빼기, 인수분해를 할 수는 없다. 건물을 지을 때도 기초 공사가 튼튼해야 건물이 오래가지 않는가. 이처럼 모든 힘은 탄탄한 기본기에서 나온다.

조급함을 버리고 자신만의 속도로 걸어갈 때 비로소 진정한 성장이 시작된다. 때로는 멀리 돌아가는 길이 가장 빠른 길이 된다. 합창과의 운명적 만남이 내게 가르쳐준 교훈이다.

일도 삶도 놓치지 않는
사람들의 비밀

영화 〈인턴(The Intern)〉에서 주인공 줄스 오스틴(Jules Ostin)은 촉망받는 젊은 여성 CEO다. 그녀는 온라인 패션 쇼핑몰로 창업해 큰 성공을 거뒀지만, 삶은 오롯이 일에만 매여 있었다. 자전거를 타고 종횡무진하며 업무를 챙기고, 집에서도 업무 전화 때문에 가족과의 시간을 제대로 누리지 못한다. 분명히 성공했는데도 자신은 정작 행복한지 알 수 없는, 숨 가쁘고 팽팽한 긴장감 속에 살고 있다.

그런 그녀 곁에 70세의 시니어 인턴 벤 휘태커(Ben Whittaker)가 배정된다. 처음엔 어색하고 낯설어하지만, 벤은 조용히 곁을 지키며 줄스를 지지해준다. 업무에서의 세심한 배려, 따뜻한 관심,

인생에서 우러나오는 조언은 줄스의 마음에 서서히 균열을 내기 시작한다. 그렇게 늘 앞만 보고 달리던 그녀는 벤을 통해 처음으로 멈춰 서서 자신을 돌아보게 된다.

줄스가 깨달은 건 단순하다. 멈추지 않고 빠른 속도로 질주하다 보면 정작 중요한 것을 놓치게 된다는 사실 말이다. 그녀의 여정은 우리에게도 같은 질문을 던진다. 지금, 성공을 향해 달려가느라 정작 삶의 균형과 행복을 놓치고 있는 건 아닐까?

성공을 위한 뿌리는
자기 이해에서 자라난다

커다란 나무가 태풍에도 쓰러지지 않는 이유는 뭘까? 땅속에 박힌 보이지 않는 뿌리가 깊고 넓기 때문이다. 나무는 위로 자라는 만큼 아래로도 뿌리를 내린다. 눈에 보이는 성장과 보이지 않는 성장이 자연스럽게 균형을 이루며 비로소 단단해진다.

사람도 마찬가지다. 외적인 성취만큼 내적인 이해가 뒷받침돼야 진정한 안정을 얻을 수 있다. 승진하고, 연봉 오르고, 사회적 지위가 높아지는 것도 의미 있는 일이다. 하지만 그것만으로는 충분하지 않다. 내가 왜 그것을 원하는지, 그것이 정말 나다운 삶인지에 대한 성찰이 없다면, 작은 충격에도 쉽게 흔들린다.

내면의 뿌리는 하루아침에 만들어지지 않는다. 꾸준한 성찰과 자기 이해를 통해 조금씩 자라난다. 매일 잠들기 전 자신에게 물어보자. '나는 무엇을 좋아하지?', '나는 무엇을 할 때 행복하지?', '어떤 가치가 내게 정말로 중요하지?' 막연하고 어렵게 느껴지겠지만, 조급해하지 않고 스스로 질문을 계속 던지면서 관찰하다 보면 점점 명확해질 것이다.

스스로에 대한 이해가 깊어질수록 외부의 평가나 압박에 휘둘리지 않게 된다. 남의 시선을 의식해 불안해하거나, 타인의 기대에 맞추려고 애쓰다가 자신을 잃는 일이 줄어든다. 내 안에 기준이 있으면, 그 기준으로 편안하게 판단할 수 있다.

좋아하는 일은 기꺼이 선택하고, 피할 수 없다면 의미를 찾는다

"피할 수 없으면 즐겨라."

흔하게 듣는 이 말에 결코 무시할 수 없는 지혜가 담겨 있다. 어차피 해야 하는 일이라면 투덜거리며 하는 것보다 즐기면서 하는 게 낫다는 건 누구나 아는 사실이다. 하지만 현실에서는 조금 다르게 접근할 필요가 있다. 우선 그것이 정말 피할 수 없는 일인지부터 점검해야 한다. 내가 좋아하고 잘할 수 있는 일인지, 아니면 관습이나 남의 시선을 의식해 억지로 받아들이고 있는 일은 아닌지 차분히 살펴봐야 한다. 많은 사람들이 "어쩔 수 없어"라고 말하지만, 정작 어쩔 수 없는 일은 생각보다 그리 많지 않다.

자신을 잘 아는 사람은 이런 판단 앞에서 흔들리지 않는다. 사회적 기대나 외부의 압력에 끌려가지 않고 자신만의 기준으로 여러 가능성을 살핀다. 어떤 길은 내가 좋아서 택할 수도 있고, 어떤 길은 잠시 피하는 편이 더 현명할 수도 있다. 관건은 그 선택을 내가 주체적으로 하느냐다.

피하는 게 언제나 도망은 아니다. 때로는 더 깊은 성찰에서 비롯된 용기이기도 하다. 한 가지 길밖에 없다고 단정하지 말자. 멈추거나 돌아설 때 오히려 내게 맞는 길이 선명하게 드러나기도 한다.

좋아하는 일은 기꺼이 선택하고, 피할 수 없는 상황은 그 안에서 의미를 찾아 즐길 필요가 있다. 외부의 압력에 떠밀려 결정하는 게 아니라, 내가 중심에 서서 선택하는 것이다. 신학자 라인홀드 니버(Reinhold Niebuhr)의 '평온을 비는 기도'는 이런 삶의 태도를 잘 보여준다.

"주여, 우리가 바꿀 수 없는 것을 평온하게 받아들이는 은혜와, 바꿔야 할 것을 바꿀 수 있는 용기, 그리고 이 둘을 분별하는 지혜를 허락하소서."

결국 핵심은 분별의 지혜다. 무엇을 받아들이고, 무엇을 바꾸며, 무엇이 진정 내게 중요한 일인지 가려낼 수 있어야 한다. 그리고 그 힘은 내면을 깊이 아는 데서 비롯된다. 감정이나 압력에 흔들리면 올바른 판단을 내리기 어렵다.

자기 자신을 잘 아는 사람은
외부의 소용돌이에도 길을 잃지 않는다

"아는 것보다 좋아하는 게 낫고, 좋아하는 것보다 즐기는 게 낫다."

공자(孔子)의 말이다. 이는 지식과 감정과 경험의 단계를 말한다. 단순히 아는 것을 넘어 좋아하게 되고, 좋아하는 것을 넘어 즐기는 단계에 이르면, 완전히 다른 차원의 경험을 하게 된다.

아마추어 합창단을 지휘할 때 이 말의 의미를 뼈저리게 느낀 적이 있다. 합창단에는 음악을 전공한 사람도 있었고, 처음 노래를 배우는 초보자도 있었다. 당연히 실력은 제각각이었다. 그런데 신기한 것이, 실력과 무관하게 정말 노래를 즐기는 사람은 다른 사람의 시선이나 평가에 신경 쓰지 않았다. 실수할까 봐 움츠러들지도 않았고, 그 순간에 온전히 몰입해 자신만의 소리를 냈다.

노래를 즐기는 이들은 완벽하지 않아도 괜찮다는 듯 당당했다. 자신의 목소리가 전체 화음의 일부라는 것을 이해하고, 자신의 역할에 편안하게 집중했다. 그런 사람들이 오히려 가장 아름다운 화음을 만들어냈다. 음악 자체를 즐기는 마음이 다른 사람들에게 전해져 합창단 전체가 더 자유롭고 즐거운 분위기로 변화했다.

그들이 그럴 수 있었던 것은 내적 확신이 있었기 때문이다. 자신이 무엇을 하고 있는지, 왜 하고 있는지에 대한 명확한 이해. 그래서 외부의 시선이나 잡음에 흔들리지 않고 자신이 좋아하는 일에 집중할 수 있던 것이다.

삶도 이와 같다. 자기 내면을 잘 아는 사람은 외부의 소용돌이 속에서도 자신의 길을 잃지 않는다. 남들이 뭐라 하든, 세상이 어떻게 변하든, 자신의 중심을 믿고 편안히 나아간다. 완벽하지 않아도 괜찮다는 것을 알기에, 자신이 무엇을 좋아하는지 이해하고 그것에 충실하다.

진정한 행복과 평안은 외부 환경이 완벽할 때 오는 게 아니다. 모든 조건이 완벽히 갖춰질 때 오는 것도 아니다. 그런 날은 아마

평생 오지 않을지도 모른다. 진정한 평안은 내가 나를 충분히 이해하고 받아들일 때 찾아온다. 외부 상황이야 어떻든 내 안의 평온을 유지할 수 있을 때. 그래서 겉으로 보이는 성취에만 매달리지 말고, 보이지 않는 내면의 성장에도 관심을 기울이는 게 필요하다.

자기 자신을 잘 아는 사람은 외부의 변화에 일희일비하지 않는다. 타인의 평가에 좌우되지 않으며, 어떤 상황에서도 자신만의 리듬을 지키며 살아간다. 그것이 바로 나다운 삶을 살아가는 비결이다.

팀은 개인의 특별함으로 유지되지 않는다

북유럽에서 널리 통용되는 '얀테의 법칙(Jante Law)'이 있다. 개인의 성취나 특별함을 앞세우기보다 공동체의 이익과 조화를 우선시하는 태도를 가리킨다. 북유럽 사람들에게는 일상에서 자주 회자할 만큼 익숙한 표현이다.

얀테의 법칙은 한마디로 "나는 특별하지 않다"는 깨달음으로 요약할 수 있다. 자신을 깎아내리라는 뜻이 아니라 관계와 조직 속에서 나의 위치와 역할을 현실적으로 점검하라는 의미다. 아무리 많은 부를 쌓고, 공부를 잘하고, 사회적으로 큰 성공을 이뤘더라도, 결국 나는 공동체의 한 구성원일 뿐이기 때문이다. 이 사실을 인정할 때 비로소 나도, 타인도, 관계도, 균형을 찾을 수 있다.

비교가 만든 함정에서 벗어날 때
불필요한 마찰은 줄어든다

얀테의 법칙은 모두 열 가지다. 첫 번째 지침은 "당신이 특별하다고 생각하지 말라"다. 나만 소중하다고 여기는 순간 세상은 불평등해진다. 나아가 관계 안에서 나만 예외가 되려는 태도는 갈등의 출발점이 된다. 그 마음은 쉽게 질투와 욕망으로 번져서, 자신만의 속도를 잃어버린 채 남과의 경쟁에만 매몰되고 만다. 특히 팀의 구성원일 때 이런 태도가 강해지면 협업을 어렵게 만들고 팀의 신뢰 구조를 흔들게 된다.

두 번째 지침은 "당신이 남들만큼 좋은 사람이라고 생각하지 말라"다. 보통 우리는 자신이 베푼 선의만큼 상대가 보답하지 않으면 불만을 품는다. 스콧 피츠제럴드(Scott Fitzgerald)의 《위대한 개츠비》에 이런 문장이 나온다.

"누군가를 비난하고 싶어질 때면 세상 모든 사람이 네가 가진 것만큼 갖고 있지 않다는 사실을 기억하렴."

이 말은 내가 가진 만큼 남들이 갖지 못할 수도 있다는 뜻이지만, 거꾸로 남들이 가진 만큼 내가 갖지 못했을 수도 있다는 의미이기도 하다. 관계에서의 실망은 대개 '기대한 만큼 돌아오지 않았어' 하는 생각에서 시작된다. 팀 안에서도 이 기대의 불균형은 쉽게 서운함과 오해로 번진다. 비교의 잣대를 들이대는 순간 이해는 사라지고 악감정만 남는다.

세 번째 지침은 "당신이 남들보다 똑똑하다고 생각하지 말라"다. 더 좋은 대학을 나왔다고 해서 더 현명한 것은 아니다. 때로는 그저 운이 좋았을 뿐일 수도 있다.

네 번째와 다섯 번째 지침도 같은 맥락이다. "당신이 남들보다 낫다고 여기지 말라"와 "당신이 더 많이 안다고 착각하지 말라"다. 이런 자세야말로 겸손을 넘어 조직과 관계에서 불필요한 마찰을 줄이는 실질적인 지혜다.

조직과 사회는 개인의 우월감으로 유지되지 않는다

얀테의 법칙은 단순히 자신을 낮추라는 교훈을 넘어 삶의 태도 전반을 성찰하게 만든다. 여섯 번째 지침은 "당신이 남들보다 중요하다고 생각하지 말라"다. 조직과 사회는 특정 개인의 우월감 위에서 유지되지 않는다. 내가 소중한 존재인 것처럼 타인 또한 소중하다. 이런 인식이 있을 때 조직은 개인의 성과가 아니라 시스템으로 작동하기 시작한다.

일곱 번째는 "모든 일을 잘한다고 생각하지 말라"는 가르침이다. 조직 안에서 나만 잘한다는 태도는 협력을 무너뜨린다.

여덟 번째는 "남들을 비웃지 말라"는 지침이다. 누구도 무시당해서는 안 된다. 각자의 삶은 저마다 존중받을 이유가 있다.

아홉 번째는 "누군가가 당신을 늘 걱정한다고 생각하지 말라"다. 세상은 내게만 관대하지 않다. 때로는 어려움이 불공평하게 내 앞에 몰려올 수도 있다. 하지만 그것을 억울해하기보다 담담히 감당하려는 자세가 필요하다.

마지막 열 번째 지침은 "남들에게 무엇이든 가르칠 수 있다고 생각하지 말라"는 것이다. 우리는 타인에게 영향을 줄 수는 있지만, 그들의 삶을 내 뜻대로 바꾸거나 대신 살아줄 수는 없다. 조언보다 중요한 것은 각자의 선택을 존중하는 태도다.

얀테의 법칙은 삶이 끝없는 자기 수련의 과정임을 일깨운다. 이 수련은 혼자만의 문제가 아니라, 관계 속에서 반복적으로 점검해야 할 태도에 가깝다. 나를 낮추고 타인을 존중하는 태도는 불필요한 경쟁과 집착에서 벗어나게 한다. 그 결과 흔들리지 않는 내면의 중심을 얻고, 조급함에 휘둘리지 않는 나만의 속도로 더불어 살아가는 지혜를 배울 수 있다.

우리는 모두 각자의 자리에서 빛나는 존재다. 나만 특별하다는 생각을 내려놓을 때, 그 빛은 더 오래 유지된다.

눈치 보는 것과
배려하는 것은 다르다

'나는 왜 늘 이렇게 눈치를 보며 살아갈까?'

'나는 왜 이렇게 의기소침해 있는 걸까?'

아마도 한 번쯤은 이런 생각을 해본 적이 있을 것이다. 하지만 여러분만 그런 게 아니다. 나도 그렇고 세상 사람 대부분이 가슴속에 품은 이런 생각을 입 밖으로 내지 못한 채 살아간다. 특히 직장에서나 중요한 사람들 앞에서는 더욱 자신을 숨기게 된다. 그러나 참고 숨기는 것만이 능사는 아니다. 하고 싶은 말이 목 끝까지 차오를 때마다 삼켜버리고 자신의 목소리를 억누르는 경험이 반복되면 자존감이 조금씩 무너지기 때문이다.

때로는 솔직함이
가장 강력한 무기가 된다

흥미로운 것은 가장 약한 모습을 보일 때 오히려 사람들과 더 가까워지기도 한다는 점이다. 나는 강의를 시작할 때 일부러 내 부족함부터 말한다.

"보통 아기들은 16~18개월이면 말을 시작하잖아요. 저는 다섯 살이 돼서야 겨우 말문이 트였대요."

이렇게 이야기를 시작하면 강의실에 금세 웃음이 번진다. 내성적인 성격 탓에 사람들 앞에 서는 일은 지금도 쉽지 않다. 강단에 서기 전이면 여지없이 가슴이 콩닥콩닥 뛴다. 그래도 나는 그런 내 모습을 숨기거나 억지로 강한 척하지 않는다.

"저, 지금 바깥에서 심호흡 열 번 하고 들어왔어요. 떨려서요."

이 말 한마디에 청중의 분위기가 곧바로 부드러워진다. 완벽한 사람보다 솔직한 사람 앞에서 관계의 긴장이 먼저 풀리기 때문이다. 예전에는 부족함을 들키지 않으려고 애썼지만, 지금은 아니다. 나의 약점과 한계를 인정하고 스스럼없이 말할 뿐 아니라, 때로는 자학 유머로 활용하기도 한다. 이렇게 마음을 조금 내려놓자 오히려 사람들과 더 가까워지고 위로를 받기까지 했다. 이 과정에서 솔직함은 약점을 드러내는 선택이 아니라, 관계를 움직이는 힘이 될 수 있다는 것을 알게 됐다.

여기서 눈치 보지 않는다는 것은 내 뜻대로 행동하겠다는 의미와는 다르다. 일방적인 주장과 자기 억압 사이에서 균형을 찾는 일이다. 나 자신을 존중하면서 동시에 상대를 존중하는 태도, 이것이 관계를 지속시키는 조건이다. 내가 나답게 있을 수 있어야 상대방도 그 사람답게 있을 수 있다. 서로가 가면을 벗고 진짜 모습을 보일 때, 그제야 진정한 관계가 형성된다.

진짜 소통은 솔직함에서 출발한다. 관계가 깊어지려면 서로의 속 깊은 생각과 감정을 나누는 과정이 꼭 필요하다. 이 과정이 빠지면 아무리 자주 만나고 웃으며 인사를 나눠도 표면적 관계에만 머문다. 겉으로는 가까워 보이나 속내는 닿지 않는 관계다. 이런 사이라면 시간이 흐를수록 마음의 거리가 더 벌어지기도 한다.

그렇다면 이런 솔직함이 조직에서도 통할까? 통한다. 솔직함은 조직의 성과를 높이는 데에도 상당한 도움이 된다. 넷플릭스(Netflix) CEO 리드 헤이스팅스(Reed Hastings)는 솔직함을 성과 관리의 핵심 요소로 삼았다. "정직과 친절 사이에서 우리는 정직을 선택한다"면서, 불편함을 피하는 배려보다 명확하고 건설적인 솔직함이 조직을 살린다고 여겼다.

그런데 넷플릭스 조직에서 솔직함은 특정 조건에서만 허용된다. 상대를 도우려는 맥락에서만 가능하고, 감정을 쏟아내거나 타인을 공격하는 방식의 솔직함은 철저히 금지된다. 솔직함을 바탕으로 하되, 그 말이 관계와 성과에 미칠 영향을 끝까지 고려한 것이다. 결국 조직이든 개인이든 관계의 핵심은 같다. 솔직함은 존중을 전제로 할 때 힘을 갖는다.

친한 후배가 어느 날 이런 이야기를 들려줬다. 늘 모두에게 좋은 사람이 되려고 애썼지만, 돌아보니 정작 마음을 나눌 수 있는 사람은 거의 없었다는 고백이었다.

"예전엔 모든 사람에게 좋은 사람이 되려고 했죠. 하지만 그러다 보니 정작 진짜 친한 친구는 안 생기더라고요. 내가 누군지 모르는데, 어떻게 진짜 관계를 맺겠어요?"

이 말은 관계의 본질을 정확히 짚는다. 나를 숨긴 채 맺은 관계는 깊어질 수 없다. 진짜 관계는 잘 보이려는 태도에서가 아닌, 나답게 존재할 수 있을 때 비로소 시작된다.

솔직함은 긴장을 줄이고 협업을 돕는다

우리가 눈치를 보는 이유는 뭘까? 혹시라도 내 의견이 누군가에게 상처가 되지는 않을지, 내가 팀에서 고립되거나 불이익을

당하지는 않을지 하는 불안감이 우리 입을 막기 때문이다. 물론 이런 마음 자체를 나쁘다고는 할 수 없을 것이다. 배려하고 조심하는 태도는 분명히 관계를 지탱하는 힘이 되기도 하니까.

문제는 그런 배려가 반복되면서 어느 순간 '나'를 완전히 잃어버릴 때 일어난다. 내 속도가 아닌 남의 속도, 내가 좋아하는 것이 아닌 남이 좋아하는 것들에만 맞춰서 살다 보면, 정작 나는 어디로 가고 있는지조차 모르게 된다. 내가 맡은 역할이 무엇인지, 팀에서 어떤 기여를 해야 하는지도 희미해진다. 그래서 솔직하게 말해야 한다고 다짐하기에 앞서 왜 솔직하게 말하지 못하는지부터 돌아볼 필요가 있다.

이런 변화를 시도할 때 처음부터 편안할 리는 없다. 그동안 다른 사람의 리듬에 맞춰 살아왔으니, 솔직해지려는 순간마다 망설임이 앞선다. '괜히 분위기를 흐리는 건 아닐까?', '이 말이 관계를 불편하게 만들지는 않을까?' 하는 생각이 먼저 든다. 그 결과 다시 예전처럼 말을 삼키고 넘어가고 싶어지기도 한다.

하지만 그런 망설임을 지나 아주 작은 것부터 연습해보면 예상과는 다른 결과를 마주할 수 있다. 상대를 배려하기 위해 삼켰던 말들이 오히려 소통을 막고 관계를 더 경직시키고 있었음을 깨닫게 되는 경험, 내 생각을 차분하게 말하자 상대가 공감하며 더 가까워지는 경험, 솔직하게 마음을 드러내자 오히려 대화가 더 편해지는 경험 말이다.

중요한 것은 말하느냐 참느냐의 문제가 아니다. 눈치 보며 표현하지 않는 게 관계를 편안하게 만들고 있는지, 아니면 내 마음에 계속 부담으로 남아 있는지를 구분하는 게 중요하다. 이런 노력을 해보면 어떨까 싶다. 회의 시간, 모두가 찬성하는 분위기에서 조심스럽게 다른 의견을 꺼내보자. 생각보다 많은 사람이 사실 나도 그렇게 생각했다고 맞장구치는 데 놀랄 것이다.

예를 들어 프로젝트 진행 방향이 뭔가 잘못됐다고 느낄 때는 "이 부분은 다시 검토해보면 어떨까요?" 하고 솔직하게 말해보는 것이다. 그러면 "좋은 지적이네요", "다시 살펴봅시다" 같은 대답을 들을지도 모른다. 팀에 있으면서 오랫동안 숨겨왔던 업무상 어려움을 꺼내보는 것도 좋다. 우려와는 다르게 "그 부분이 힘들었군요", "어떻게 도와드릴까요"라는 반응이 나올 수도 있다.

이런 작은 시도들이 쌓이면 용기가 생기고 점차 나만의 목소리를 내는 일도 자연스러워진다. 솔직하게 자신을 표현하기 시작하면 팀 내부의 오해가 옅어지고, 모난 구석도 조금씩 다듬어진다. 서로의 입장을 솔직히 나누다 보면 불필요한 긴장이 줄어들고 협업도 더 수월해진다.

물론 모든 상황에서 내 뜻만을 밀어붙일 수는 없다. 때로는 물러서야 할 때가 있고 양보가 필요한 순간도 있다. 다만 그런 선택이 남의 눈치를 보느라 어쩔 수 없이 내린 결정이 아니라, 내가 주체적으로 선택한 것이어야 한다는 게 중요하다. 이런 솔직함은 개인의 용기에만 맡길 문제가 아니다. 조직이 의도적으로 설계하고 지향해야 할 문화이기도 하다. 짐 콜린스(Jim Collins)는《좋은 리더를 넘어 위대한 리더로(Beyond Entrepreneurship 2.0)》에서 이렇게 썼다.

"사실을 있는 그대로 말하는 사람들로 주변을 채워라."

국가나 기업은 물론 아무리 작은 조직이라고 해도 현실을 무시하면 나중에 이 현실로부터 호되게 뺨을 맞게 된다는 것이 그의 조언이다.

요즘 들어 사회도 조금씩 달라지고 있다. 획일적인 기준보다 다양성을, 서열보다 수평적 관계를 중시하는 흐름이 점점 선명해진다. 물론 여전히 눈치를 요구하는 분위기는 남아 있지만, 그 속에서도 자기 생각을 솔직하게 표현하려는 노력이 필요하다.

남의 시선이 아니라 내 기준을 중심에 두고 행동하는 용기를 내자. 그런 선택이 반복될 때 관계는 겉치레를 벗고 본질에 가까워진다. 그러면 팀은 불필요한 눈치 대신 명확한 소통과 책임으로 움직이기 시작한다.

중심이 분명할수록
유연함이 살아난다

　루트비히 판 베토벤(Ludwig van Beethoven)은 음악사에서 매우 독특한 위치를 차지하고 있는 인물이다. 그는 귀족들의 후원 속에서만 음악을 만들며 살아가던 전통적인 음악가의 틀을 벗어나 최초로 자신만의 길을 개척한 '프리랜서(freelancer)' 작곡가였다.

　당시 음악가들의 수입은 귀족에게서 나왔기 때문에 그들의 눈치를 보며 곡을 쓰는 게 당연시됐지만, 베토벤은 세상이 정해놓은 틀 속에 머물러 있지 않았다. 그는 '음악은 귀족의 전유물이 아니라, 세상 모든 사람을 위한 것'이라는 확고한 생각을 품고 있었으며, 자신의 믿음을 행동으로 옮겼다.

자기만의 중심이 명확해야
타인과의 협업도 잘할 수 있다

귀족들만을 위한 음악에 머무르지 않고 더 넓은 대중을 향해 나아간 베토벤은 음악으로 자기 삶의 방향 자체를 새롭게 정의했다. 세상이 요구하는 성공 경로에서 벗어나 자신이 원하는 방향으로 살아가겠다는 결단이 있었기에 가능했던 일이다. 절대다수가 가는 길을 따라가지 않겠다는 선택은 주류에서 벗어나기로 각오했다는 의미였고, 그는 그로 인해 온갖 불안과 고독을 감수해야 했다.

그는 성과가 보장된 길 대신 스스로 납득할 수 있는 선택을 따라갔다. 베토벤에게 중요한 것은 남보다 앞서는 일이 아니라, 자기 음악을 어디까지 밀도 있게 밀어붙일 수 있느냐였다. 그는 음악을 작곡하는 데 그치지 않고, 그 음악이 사람들에게 어떤 울림과 변화를 줄 수 있을지를 끊임없이 고민했다.

이 지점에서 베토벤의 삶은 오늘날 우리에게도 분명한 질문을 던진다. 치열한 생존 경쟁에 몰두하다 보면 어느 순간 설명하기 어려운 허무함과 마주하게 된다. 자신이 원하는 삶이 아니라 세상이 요구하는 삶을 살아왔다는 사실을 뒤늦게 깨닫기 때문이다. 성과와 속도에 매달려 왜 그 일을 시작했는지조차 떠오르지 않은 채 표류한다.

베토벤의 삶은 이런 우리에게 자기 철학과 가치관을 지키며 자기 자신을 갱신해나가는 삶의 의미를 다시금 점검하게 해준다. 여기서 짚고 넘어가야 할 부분이 있다. 베토벤에게 독립성은 고립을 의미하지 않았다는 사실이다. 오히려 그 반대였다. 그는 자신이 누구인지, 무엇을 추구하는지 분명히 알고 있었기에 연주자들과 출판업자들 그리고 대중과 유연하게 협업할 수 있었다. 기준이 분명한 사람은 협업의 경계를 명확히 그을 수 있고, 그럼으로써 불필요한 오해나 소모적인 갈등을 줄인다.

회의 자리에서 자기 의견이 없는 사람은 분위기에 맞춰 고개만 끄덕이거나, 나중에야 불만을 표출하면서 투덜거리는 경우가 많다. 반면 자신이 무엇을 원하는지 아는 사람은 자기 의견을 분명히 말한다. 어디까지 양보할 수 있고 어디까지 지켜내야 하는지를 스스로 정한다.

방향이 분명하니 조율도 빠르고 신뢰도 쌓인다. 협업이 부드러워지는 이유다.

신념을 지킨다는 것은
단절이 아니라 연결이다

1827년 3월 26일, 베토벤이 향년 56세의 나이로 세상을 떠났을 때, 그의 장례식에 2만 명에 가까운 사람들이 모여들었다. 그저 유명 음악가의 장례식을 구경하러 온 게 아니었다. 그의 음악은 귀족의 살롱을 넘어 대중의 일상 깊숙이 살아 숨 쉬고 있었다. 사람들은 그의 음악을 통해 서로의 감정을 공명하며 위로받았기에 진심을 다해 애도한 것이다.

'악성(樂聖)', 즉 '음악의 성인'이라는 베토벤의 별칭에는 뛰어난 음악가라는 상징 이상의 의미가 숨어 있다. 세상의 압력에도 흔들리지 않고 자신의 철학을 끝까지 고수했던 삶, 신념으로 연결된 그의 한결같은 삶의 자세를 압축적으로 담아낸 칭호다. 그의 음악은 사람들의 마음을 변화시키고, 삶을 돌아보게 하며, 서로 다른 이들을 하나로 묶는 힘을 지녔다.

베토벤의 신념을 드러내는 대표적 일화는 교향곡 제3번 〈영웅(Heroische)〉에 담겨 있다. 원래 그는 이 곡을 나폴레옹(Napoleon)에게 헌정하려고 했다. 당시 나폴레옹은 그에게 프랑스 혁명 이후 유럽의 새로운 질서를 세울 인물, 자유와 평등, 박애라는 혁명의 이상을 현실로 만들 참된 지도자로 보였다. 베토벤은 자신의 교향곡 표지에 '보나파르트(Bonaparte)'라는 제목을 적어 넣으며 그를 찬양했다.

그러나 1804년 나폴레옹이 스스로 황제가 되는 순간 모든 것이 달라졌다. 베토벤의 눈에 나폴레옹은 더 이상 혁명의 수호자가 아니었다. 권력을 탐하는 독재자이자 폭군이었다. 분노한 베토벤은 악보 표지에 적어뒀던 '보나파르트'라는 글자를 거칠게 지워버리고는 '영웅'으로 바꿨다.

"이제 그는 단순한 인간일 뿐, 다른 폭군들과 다를 바 없다."

그저 실망감을 표출한 게 아니라, 세상이 누군가를 영웅으로 추켜세우든 자신의 신념과 어긋난다면 단호히 거리를 두겠다는 의지의 표현이었다. 그는 협력하되 맹목적으로 따르지 않았고, 공감하되 자기 기준을 외면하지 않았다. 언제나 자신이 옳다고 믿는 것을 삶의 중심에 뒀다.

결국 교향곡 제3번 〈영웅〉은 베토벤의 개인적 이상과 사회적 이상이 교차하며 탄생한 작품이 됐다. 인간의 자유와 평등에 대한 신념을 음악으로 새겨넣은 이 곡은 음악사적으로도 의미 있을 뿐더러, 신념을 지킨 한 사람이 어떻게 시대와 깊이 연결될 수 있는지 보여주는 사례로 영원히 남을 것이다.

불확실성이 강한 시대일수록
자기중심이 명확해야 살아남는다

베토벤의 삶과 음악은 그가 단순한 천재가 아니라, 자기만의 철학과 신념을 지키며 흔들림 없이 걸어간 참된 인간이었음을 말해준다. 청력을 잃어가던 1802년, 베토벤은 오스트리아 빈(Wien) 근교의 작은 마을 하일리겐슈타트(Heiligenstadt)에서 유서를 쓰며 깊은 절망을 겪었다. 그럼에도 그는 끝까지 예술을 포기하지 않았다.

"예술이 나를 붙잡아두었다"는 베토벤의 고백은 그가 삶의 중심을 어디에 뒀는지를 잘 보여준다. 당시 귀족들은 여전히 우아하고 듣기 편한 음악을 원했지만, 베토벤은 청력을 잃은 이후 오히려 더 대담하고 혁신적인 곡을 써 내려갔다. 교향곡 제9번 〈합창(Choral)〉은 당대에는 낯설고 과도하다는 반응도 함께 받았지만, 그는 자신이 표현하고 싶은 세계를 펼쳐 보인 것이었다.

베토벤의 이야기가 오늘날 조직과 팀워크를 중시하는 우리에게 깊은 통찰을 주는 이유도 여기에 있다. 변화의 속도가 빠를수록 사람들은 외부의 기준과 분위기에 쉽게 휩쓸린다. 이때 자기 원칙과 신념이 분명하지 않으면 판단은 흔들리고, 팀 안에서 맡은 역할과 책임도 흐려지기 쉽다.

얼마 전 한 기업체로 강연을 나갔다가 우연히 접하게 된 이야기다. B는 기획 아이디어가 좋은 사람이었다. 회의에서 다들 "좋은 해결책 없나?" 하고 고민할 때면 B는 늘 한두 가지 대안을 제시했다. 새로운 프로젝트를 시작할 때면 콘셉트부터 실행안까지 신속하게 정리했고, 그의 야무진 일솜씨는 본인뿐 아니라 팀의 성과 향상에도 큰 도움이 됐다.

그가 지난해 제안한 캠페인은 매출 상승으로까지 이어졌다. 시장 트렌드를 먼저 읽고, 데이터를 근거로 설득하며, 실행 가능성까지 고려한 기획이었다. 동료들은 "B가 준비한 자료는 믿고 본다"고 말할 정도였다.

그런데 분위기가 달라진 건 팀장이 바뀌면서부터였다. 새 팀장은 회의보다 회식이나 사적인 친분을 중요시했다. 회의실이나 업무보고 자리에서는 "일단 더 고민해보고, 나중에 이야기합시다"라며 결론을 미루기 일쑤였다. 막상 중요한 의사결정이나 업무 배분, 업무 지시 등은 늘 술자리에서 이뤄졌다. 그러다 보니 팀원들 또한 어쩔 수 없이 팀장에게 맞춰가기 시작했다.

"어제 팀장님이 말씀하신 방향으로 가면 될 것 같은데요."

누군가 그렇게 말하면, 나머지 팀원들도 고개를 끄덕였다.

B는 그런 자리가 편하지 않았다. 술도 약했고, 분위기 띄우는 농담도 잘하지 못했다. 처음엔 기획으로 승부하면 되지 싶었다.

일로 증명하면 될 거라고 생각했지만, 그게 쉽지 않았다. 회식 자리에 빠지거나 팀장과의 사적인 술자리에 가지 못한 다음 날이면 자기가 준비한 기획안은 회의 안건에서 빠져 있곤 했다.

그 뒤로 B도 조금씩 바뀌었다. 회식 자리를 빠지지 않으려 애썼고, 팀장 옆자리에 먼저 앉았다. 어느새 일보다 팀장과의 관계와 술자리에 더 신경을 쓰기 시작했다. 겉으로는 적응한 것처럼 보였다. 팀장과 마찰도 없었고 업무도 무난하게 진행됐다. 하지만 B의 기획에는 이전과 같은 노력의 흔적이나 신선함이 없었다. 예전에는 시장 데이터를 직접 발로 뛰며 수집하고, 경쟁사 사례를 밤늦게까지 분석했지만, 이제는 팀장이 선호하는 키워드 몇 개를 넣고 무난한 레퍼런스 몇 장을 붙여 제출하는 게 전부였다. 그저 팀장이 좋아할 만한 방향으로 작성된 보고서에만 열심이었을 뿐이다. 그런데 반년쯤 지나 회사 전체 워크숍에서 한 임원이 이렇게 말했다.

"요즘 A팀에서는 좀처럼 신선한 상품 기획안이 나오질 않네요."

B는 그제야 깨달았다. 분위기에 편승해 시류를 따라가느라 정작 업무적인 부분에서는 한없이 퇴보하고 있었다는 것을. 불확실한 환경에서 사람을 흔드는 건 위기 자체가 아니라 기준의 부재다. 무엇을 우선할지 무엇이 중요한지 정해두지 않으면, 분위기

에만 휩쓸려 잘못된 판단을 하게 된다.

조직에서 자기중심을 지킨다는 것은 튀거나 맞서 싸우는 일이 아니다. 무엇을 책임질 사람인지 분명히 하고, 그 책임의 범위를 쉽게 내려놓지 않는 태도다. 그래야 자기 역할을 충실히 수행할 수 있고 시너지를 내는 협력이 가능하다. 스스로에게 한 번쯤 물어보자.

'나는 지금 남들이 만든 기준에 맞춰 살고 있을까, 아니면 내 가치와 판단에 따라 선택하며 살고 있을까?'

빠르게 변화하는 시대일수록 무엇을 지키고 무엇을 조율할지 아는 사람만이 흔들리지 않는다. 그런 사람들은 나아갈 때와 멈출 때를, 혼자 책임질 일과 함께 협력할 일을 철저히 구분한다. 자기중심이 분명할 때 오히려 유연한 태도로 다른 사람들과 협력할 수 있는 법이다.

모데라토
Moderato

뚜벅뚜벅,
나에서
우리로 이어지는
시너지

'모데라토(Moderato)'는 보통 빠르기로 연주하라는 뜻이다. 너무 빠르지도, 너무 느리지도 않은 적절한 속도. 혼자가 아닌 함께 걸어갈 때 필요한 균형 감각을 의미한다.

합창은 각기 다른 음색을 가진 사람들이 모여 하나의 소리를 만들어내는 예술이다. 소프라노, 알토, 테너, 베이스 이렇게 음역도 음색도 다르지만, 서로의 소리에 귀 기울이고 호흡을 맞출 때 비로소 화음이 완성된다. 누군가 혼자 튀어 나가거나 뒤처지면 조화는 깨진다. 이것이 바로 팀워크의 본질이다.

팀워크는 함께 일하는 것 이상의 과정이다. 각자의 강점을 살리면서도 공동의 목표를 향해 나아가는 것, 내 역할에 충실하면서도 동료의 빈자리를 채워주는 것, 때로는 앞서 나가고 때로는 기다려주며 전체의 흐름을 만들어간다. 진정한 팀워크는 개인의 역량을 합친 것보다 더 큰 시너지를 만들어낸다.

우리 삶도 그렇다. 가정에서, 직장에서, 공동체에서 끊임없이 타인과 관계를 맺으며 살아가기에, 속도와 방향이 다를지라도 보조를 맞추고 기다려주며 함께 걸어가야 한다. 제3악장에서는 조화로운 협력을 통해 하나의 목표를 향해 움직이는 '원팀(One Team)'의 조건을 이야기한다. 혼자만 앞서가려고 하지 않고 보조를 맞출 때 팀은 지속가능한 성장을 거듭해나갈 것이다.

흐름을 만들면
팀은 저절로 움직인다

머릿속에서 '흐름'이라는 단어를 생각하면 자연스럽게 흘러가는 강물의 이미지가 떠오른다. 강물이 잔잔하고 부드럽게 흘러가기 위해서 가장 중요한 요소는 무엇일까? 다름 아닌 그 안을 채우는 입자의 크기다. 물은 입자가 작기에 유연하게 흘러갈 수 있는 것이다.

강바닥에 있는 바위, 돌, 자갈, 흙, 모래도 강물의 흐름을 따라 천천히 움직인다. 다만 큰 바위나 돌은 물살을 따라 잘 움직이지 않는다. 그에 비해 작은 자갈은 좀 더 쉽게, 모래는 더 부드럽게, 흙은 마치 물에 녹아들듯이 자연스럽게 강물을 따라 흐른다. 입자가 작아질수록 물의 흐름에 저항하는 힘이 줄어들기 때문이다.

작은 물줄기가 모여서
거센 강물이 된다

음악에서도 비슷한 원리를 발견할 수 있다. 리듬은 잘게 쪼개질수록 부드럽고 유연한 흐름을 만들어낸다. 온음표에서 시작해 2분음표, 4분음표, 8분음표, 16분음표로 나뉠수록 리듬의 결은 점점 더 촘촘해지고, 음악은 그만큼 섬세하고 생동감 있게 이어진다. 이렇게 세밀하게 쪼개진 리듬들이 서로 연결될 때, 음악은 비로소 살아서 움직이며 청중의 마음을 흔든다.

이 원리는 조직에도 그대로 적용된다. 작은 흙 입자가 강물의 흐름을 따라가듯, 조직이 원활히 돌아가기 위해서는 각 구성원의 역할이 세밀히 나뉘고 서로 맞물려야 한다. 그리고 이 흐름의 바탕에는 반드시 신뢰와 존중이 자리 잡고 있어야 한다. 서로의 노력을 믿고 각자의 몫을 인정할 때, 팀은 자연스럽게 '하나'의 흐름을 만들어낸다. '원팀'이다.

내가 시립합창단에서 지휘자로 있었을 때의 경험이 이런 점을 뼈아프게 일깨워줬다. 음악적 결정은 지휘자의 역할이었지만, 일부 단원들은 그 경계를 넘어서까지 개인 주장을 과도하게 드러냈다. 음악적 토론을 가장한 간섭은 곧 팀 전체의 호흡을 깨뜨렸고, 합창단은 무겁고 긴장된 분위기에 휩싸였다. 결국 과욕은 협력을 무너뜨렸다. 흐름을 잃은 조직은 끝내 와해되고 말았다.

이 사건은 내게 중요한 교훈을 남겼다. 조직이 건강하게 흐르려면 각자가 자기 역할에 충실해야 한다는 진리 말이다. 서로의 영역을 존중하고 실수조차도 함께 감싸안는 태도가 필요하다. 누구도 완벽할 수 없기에 실수는 피할 수 없다. 하지만 그 순간 서로를 비난하기보다 함께 해결하려는 노력이 모일 때, 조직은 다시 힘을 얻고 분위기는 긍정적으로 변화할 수 있다.

좋은 분위기가 자리 잡으면 조직은 자연스럽게 더 높은 성과를 낸다. 리듬이 부드럽게 이어질 때 곡이 생명력을 얻는 것과 같다. 반대로 불필요한 간섭이나 과도한 통제는 흐름을 끊고 조직을 무겁게 만든다. 신뢰와 존중 속에서 각자가 자기 자리를 지키면, 조직은 조화로운 흐름을 타고 성장해나간다. 합창단 경험을 통해 나는 결국 조직의 본질은 신뢰와 존중에 있다는 사실을 깨달았다. 그 깨달음을 밑거름 삼아 각자의 역할을 존중하면서 자연스러운 흐름을 이어가는 조직을 만들고자 한다. 강물이 흐르며 수많은 생명을 키워내듯이, 음악의 조화로운 흐름이 진한 감동을 주듯이, 우리 삶과 조직도 신뢰와 존중을 바탕으로 아름다운 흐름을 만들어갈 수 있다.

자율과 책임, 수평과 수직
두 축이 균형을 이룰 때

음악은 수평적 흐름인 '선율'과 수직적 관계인 '화성', 이 두 축이 어우러져 완성된다. 각자의 역할은 다르지만 동시에 서로가 연결돼야 음악은 생명력을 갖는다. 지휘자의 시각으로 보면 이 원리는 음악을 넘어 조직의 팀워크와 협력의 은유로 확장된다.

수평적 흐름은 선율, 즉 '멜로디'에 해당한다. 멜로디는 시간의 흐름 속에서 여러 음이 이어져 생겨난다. 대위법적 관점에서 각 성부가 독립적으로 움직이면서도 서로 조화를 이루는 게 중요하다. 마디는 악보에 분명히 표시돼 있지만, 그것이 음악의 본질적인 흐름을 막아서는 안 된다. 지휘자는 마디를 넘어 가사와 감정에 따라 선율의 방향을 이끌어야 하며, 선율은 하나의 호흡처럼 자연스럽게 이어져야 한다. 그러기 위해 지휘자는 단순히 손을 흔드는 존재가 아니라, 음악의 맥락을 해석해 단원들과 공유하는 해설자이자 안내자가 돼야 한다.

수직적 관계는 화성에서 비롯된다. 화성은 여러 성부가 동시에 쌓아 올리는 음들의 '관계'다. 합창에서는 각 성부가 자신이 부르는 음정이 화성 속에서 어떤 의미를 지니는지 이해해야 한다. 근음(根音, root note), 3도, 5도 같은 위치를 스스로 인지할 때,

각 성부는 자신이 전체 구조 안에서 어떤 자리를 차지하는지 알수 있다. 동시에 다른 성부들의 소리를 경청하며 자신의 음을 조율해야 한다. 한 성부만으로는 화성이 완성되지 않는다. 여러성부가 맞물려야 비로소 화성이 완전해지고 풍성한 울림이 탄생한다.

이처럼 음악은 '수평'과 '수직'의 균형 속에서 완성된다. 수평적 선율은 개인의 개성을 살리며 흐름을 만든다. 조직에서 개인의 자율성과 창의성이 존중될 때 나타나는 모습과도 닮았다. 반면 수직적 화성은 역할과 책임을 분명히 하면서 각자가 자기 자리를 인식하도록 해준다. 이 둘이 함께 어우러질 때 비로소 건강한 조직이 된다.

음악에서 수평과 수직을 조화시키는 핵심은 서로의 소리를 듣는 태도와 자신의 목소리를 조율할 줄 아는 능력이다. 자기 목소리만을 고집해서는 결코 하모니가 만들어지지 않는다. 모두가 소리를 모아 하나의 울림을 만들 때, 음악은 생명력을 얻는다. 조직역시 마찬가지다. 신뢰와 존중을 바탕으로 서로를 경청하고, 자신의 목소리를 전체의 조화 속에 맞출 때 비로소 살아있는 팀워크가 완성된다.

음악의 수평과 수직은 조직의 개인성과 집단성 그리고 자율성과 구조를 동시에 보여준다. 조직의 조화는 누군가의 일방적인 지휘만으로 이뤄지기 어렵다. 각자가 자기 목소리를 내되 서로의 소리에 귀 기울이며 균형을 만들어갈 때, 조직은 생명력 있는 흐름을 타고 나아갈 수 있다. 이것이 음악이 우리에게 가르쳐주는 협력의 본질적 의미다.

비빔밥이 보여주는
화합과 어우러짐

합창교육의 모든 일정이 마무리된 뒤, P교육재단 재단장님께서 총평을 위해 마이크를 잡으셨다.

"오늘 점심 메뉴가 아주 제격이었습니다."

예상치 못한 말에 잠시 웃음이 흘렀다.

"비빔밥을 누가 신청했는지 모르겠지만, 정말 잘하셨어요. 오늘 우리가 함께 한 합창교육과 너무 잘 어울리는 메뉴였습니다."

재단장님은 잠시 말을 멈추고, 교육장을 한 번 둘러본 뒤 이렇게 덧붙이셨다. 비빔밥에 대한 이사장님의 언급은 리더의 역할에 관한 성찰로 이어졌다.

"비빔밥은 다양한 재료가 각자의 색과 맛을 유지하면서도 함께 어우러질 때 진정한 맛으로 완성되죠, 그래서 저는 비빔밥을 먹을 때마다 소통과 화합을 떠올리곤 합니다.”

그러고 보니 비빔밥을 먹을 때 사용하는 수저 역시 의미를 담고 있다는 생각이 들었다. 음식을 떠서 올리게 해주는 숟가락은 상대의 의견을 경청하고 존중하는 태도를 상징하고, 두 개가 함께 움직이며 음식을 집도록 도와주는 젓가락은 협력과 균형, 상호 보완의 가치를 나타내는 게 아닌가!

만약 점심 메뉴가 포크와 나이프를 사용하는 양식이었다면 소통과 화합을 떠올리지 못했을 것이다. 찌르고 자르는 행위 자체가 소통보다는 분리와 단절을 떠올리게 했을 테니 말이다. 비빔밥은 모든 재료가 섞이며 조화를 이루고, 숟가락과 젓가락은 서로를 돕는 관계이므로, 이보다 더 소통과 화합을 상징하는 음식도 없다.

개성과 역할의 존중에서
소통의 리더십이 시작된다

합창도 공감으로 이뤄내는 조화의 예술이다. 하지만 가끔 그런 목적을 잃은 합창을 만나기도 한다. 팀이 합창대회 우승이라는 목표를 향해 달려가는 단기 성과에만 집착해 합창의 본질이 흔들릴 때다.

이러면 공감과 소통의 기능이 약해진다. 오로지 '우승'이라는 결과 하나만을 중요하게 여기기 때문에 단원들의 마음이 경쟁심으로 가득 차고 음악을 제대로 즐기지 못하게 되는 것이다. 그뿐만 아니라 실력이 떨어지거나 속도가 더딘 단원들에 대한 배려나 여유도 사라진다. 좋은 성과를 내야 하는데 방해만 된다는 생각에 이르면, 어느 순간 그 팀은 분열되기 시작한다.

합창은 혼자가 아닌 여럿이 함께하는 공동체 활동이다. 노래의 아름다움을 제대로 표현하기 위해서는 단원들끼리는 물론이거니와 지휘자와 단원 그리고 관객까지 모두가 교감과 소통으로 공감해야 한다. 함께 합창하는 사람들의 소중함, 함께하는 시간의 의미, 과정의 가치가 모두 음악의 완성도에 막대한 영향을 미친다. 소통과 화합을 위해 리더와 단원 모두가 서로의 개성과 역할을 존중하며 호흡을 맞출 때 진정한 합창단이 되는 것이다.

이렇게 리더가 소통과 화합을 중시하면 조직에 어떤 긍정적 영향을 미칠 수 있을까? 가장 먼저 조화와 협력이 떠오르겠지만, 그보다 더 큰 영향은 구성원 각자가 자신의 개성과 역할을 존중받을 수 있다는 점이다. 놀랍게도 조직은 개개인의 개성이 인정받을 때 비로소 깊은 신뢰와 자유로운 소통이 강화되면서 조화와 협력이 가능해진다. 이로써 더욱 굳건하고 건강한 조직 문화가 구축된다. 소통과 화합은 단순히 팀원들이 함께 일하는 데 필요한 부수적 요소가 아니라, 조직의 성공과 지속가능한 발전을 견인하는 핵심이다.

소통과 화합을 중시하는 분위기가 마련돼야 팀원들도 자신의 의견을 자유롭게 표현하고 서로 피드백을 나누면서 함께 성장할 수 있다. 리더가 적극적으로 소통하면서 팀원들을 이해하고 화합을 도모하면 팀원들도 자신감 있게 일하면서 조직을 위해 기꺼이 앞장설 것이다.

혼자 성장하는 리더는 절대로 멀리 갈 수 없다. 팀원들과 더불어 성장하는 리더가 더 멀리 더 오래갈 수 있다. 그렇기에 리더는 구성원 각자의 서로 다름을 존중하면서 효과적인 소통과 화합을 위해 부단히 애써야 한다. 그 다름으로 갈등이 아닌 조화가 이뤄질 때 최고의 팀워크가 만들어질 것이다.

팀을 움직이는 리더의 메시지

감동을 주는 음악에는 중요한 '의미'가 담겨 있다. 가장 직관적으로 의미를 전달하는 요소는 '가사'다. 멜로디와 화성이 '감정'을 형성한다면, 가사는 그 감정을 명확한 '메시지'로 전달하는 역할을 한다. 음악의 역사 속에서도 가사는 단순한 노랫말을 넘어 더 깊은 의미를 지녀왔으며, 가사의 내용을 더욱 강조하기 위해 다양한 음악적 기법도 발전해왔다.

노래를 들을 때 선율의 아름다움에 매료되기도 하지만, 가사의 내용이 우리의 경험과 맞닿을 때 감동은 배가 된다. 그래서 가수가 가사의 중요성을 간과하면 그 노래는 그저 음의 조합이 될 뿐이다. 반면 가사의 의미에 집중해 부르면 그 노래는 단순한 음악이 아니라 예술로 승화할 수 있다.

이처럼 가사가 예술적 감동을 배가하는 소중한 메시지가 될 수 있듯이, 리더의 말도 구성원들의 태도와 조직 전체의 분위기를 바꾸고 나아가 조직의 운명을 이끌기도 한다. 따라서 훌륭한 리더의 말은 단순한 지시가 아닌 사람을 움직이는 메시지가 돼야 한다.

리더의 말이 메시지가 되기 위해서는 그 말을 구성원 개개인이 어떻게 받아들일지 생각해야 한다. 가수가 노래할 때 가사를 잘 전달하기 위해 창법과 표정 등을 고민하는 것과 마찬가지다. 조직의 리더도 자신의 메시지를 구성원들에게 잘 전달할 수 있는 방법을 찾으려고 노력해야 한다. 음악에서 가사가 중요한 것처럼 리더의 말도 그 자체로 의미가 있으려면 몇 가지 원칙을 따를 필요가 있다.

첫째, 명확해야 한다. 불필요한 군더더기를 제거하고 핵심만 간결하게 전달해야 한다. 목표와 의도를 분명히 할수록 자신이 바라는 바를 효과적으로 전달할 수 있기 때문이다. 가장 직관적으로 상대방에게 의미를 전달하는 방법이다.

둘째, 공감을 나눌 수 있어야 한다. 단순히 업무를 지시하듯 사실을 나열하는 게 아니라, 내용에 맞는 감정을 적절히 담아서 상대가 공감할 수 있는 방식으로 말해야 한다. 이때 상대방이 어떤 상황에 있는지, 어떤 정보가 필요한지, 어떻게 받아들일 수 있을지 등 상대방의 입장과 관점을 고려하면 더욱 효과적인 메시지를 전달할 수 있다.

셋째, 맥락을 고려해야 한다. 같은 말이라도 상황에 따라 다르게 받아들여지므로 언제, 어디서, 누구에게 말하는지 염두에 두는 게 중요하다. 이와 더불어 메시지를 전달하는 타이밍과 장소 또한 신중하게 선택해야 한다. 가장 효과적인 방법은 상대방이 집중할 수 있는 환경에서, 감정적으로 안정된 상태일 때 메시지를 전달하는 것이다. 특히 더 중요한 메시지를 전달할 때는 상대방이 바쁘지 않거나 스트레스를 받지 않는 상황을 선택하는 게 좋다.

　지금 리더십의 위기를 겪고 있다면 이 세 가지 원칙을 떠올리면서 자신이 진정한 리더의 언어를 쓰고 있는지 자문해보자. 가사가 음악을 완성하듯 리더의 메시지가 조직을 완성한다는 사실을 기억하자. 좋은 가사가 담긴 노래가 한 시대를 지나 오래도록 기억되는 것처럼, 진심과 감동을 담은 메시지를 전달할 줄 아는 리더는 구성원들의 변함없는 지지를 받을 수 있다.

소통의 부재가
뒷담화를 키운다

　나는 여러 합창단을 대상으로 강의를 진행해왔다. 강의를 준비하면서 지휘자들과 이야기를 나눠보면 대부분 비슷한 고민을 토로하곤 했다. 합창단의 실력보다도 오히려 단원들 사이의 감정과 그 감정이 흘러나오는 방식에 관한 고민이었다. 상황이 이렇다 보니 강의 주제도 자연스럽게 "조직 내 건강한 소통"이 되곤 했다. 강의가 끝난 후 이런 이야기를 자주 들었다.

　"우리 합창단이 왜 그랬는지 이제야 알겠어요."

　"그 단원만 문제라고 생각했는데, 구조가 문제였군요."

　"드디어 문제를 해결할 길이 보이기 시작했어요."

　나 역시 합창단의 지휘자로 일하면서 비슷한 고민을 한 적이 있어 그들의 고민과 반응이 충분히 이해됐다. 다만 소통의 부재가 겉으로 드러나는 방식은 정말 다양했고, 그에 따른 해결 방안 또한 다양할 수밖에 없었다.

갈등 없는 평화는 진짜 평화가 아니다

내가 오랫동안 머물렀던 합창단이 있다. 그 합창단 단원들은 자신들을 오랜 시간 다툼 없이 지내온 평화로운 단체라고 자부했다. 그런데 지휘자인 내가 보기에는 전혀 그렇지 않았다. 겉으로는 평화로워 보였으나 그 평화는 진정한 화합이 아니라 서로 지나치게 조심하고 불편한 진실을 외면한 회피의 결과였다. 진정한 이해와 소통이 없는 상태에서 유지되는 평화는 언젠가 터질 수밖에 없는 불편함을 억지로 감춰둔 것과 다름없다.

이런 상황을 개선하려면 어떻게 해야 할까? 먼저 구성원들이 문제가 있다는 사실부터 인지해야 한다. 서로 상처를 주고받는 걸 알면서도 애써 모르는 척하지만, 결국 언젠가 밖으로 드러나기 마련이다. 처음에는 작은 상처였어도 오래 방치하면 되돌릴 수 없는 깊은 상처가 되고 만다. 상처를 인지했다면 더러운 고름을 다 밖으로 내보내고 깨끗이 씻어 소독해야 진정한 치유가 시작된다.

조직도 마찬가지다. 숨겨진 문제를 건드리면 당연히 갈등이 생긴다. 격렬한 언쟁이 오가기도 하고, 서로가 오랫동안 억눌러왔던 감정이 날것 그대로 터져 나오기도 한다. 그렇다고 이 과정을 괴롭고 불편하다며 피해서는 안 된다. 오히려 정면으로 마주해 함께 견뎌낼 때 비로소 진정한 의미의 조직으로 거듭할 수 있다. 건강한 방식으로 갈등을 풀어내면 서로의 차이를 이해하고 문제를 해결하는 법을 배우게 되고, 갈등을 통해 성장하는 방법을 익힐 수 있게 된다.

겉으로는 싸움과 갈등이 없는 관계가 평화롭고 행복해 보일 수 있다. 그러나 내면을 들여다보면 깊은 상처가 숨어 있는 경우가 많다. 진심을 표현하지 못하고 조심스러운 태도만 유지한다면, 표면적인 관계는 괜찮아 보일지 몰라도 건강해질 수 없다. 문제를 드러내고 서로의 다름을 인정하면서 갈등을 통과할 때라야 비로소 진정한 의미의 '함께'를 경험할 수 있다. 그 과정을 거쳐야 조직은 진짜 조직으로 성장할 수 있다.

서로의 생각과 감정을 있는 그대로 드러내고 부딪히며 겪어가는 과정을 통해 진심을 알게 되면 유대감도 한층 더 깊어진다. 갈등이 없는 평화는 깨지기 쉬운 껍데기일 뿐이다. 갈등을 통해 소

통으로 다듬어진 단단한 유대감이 진정한 평화를 가져다줄 수 있
다. 오랜 시간을 두고 쌓아 올려야 할 귀중한 가치인 참된 평화를
얻기 위해 갈등을 두려워 말고 서로에게 진심으로 다가가 서로를
있는 그대로 받아들이는 용기를 내야 한다.

'뒷담화'는
소통 부재라는 신호다

소통의 부재가 겉으로 드러나는 또 다른 방식은 바로 '뒷담화'
다. 내가 수원에서 여성합창단을 지휘할 때의 일이다. 부임하기
전부터도 뒷담화가 만연해 있었단다. 단장은 이런 분위기를 어떻
게든 바꿔보려고 애썼다. 연습 외 모임 금지, 사적인 대화 자제,
합창단 공식 외 활동 제한이라는 강경한 조치까지 동원했다. 그
렇지만 결과는 기대와 전혀 달랐다. 단원들의 관계는 더 경직됐
고 분위기는 더 냉랭해졌다. 단장의 리더십은 점점 두려움에서
나오는 '통제'로 변해갔다.

부임 이후 나 또한 뒷담화 문제를 해결하고자 여러모로 고민
을 많이 했다. 그러던 어느 날 나는 단원들에게 이렇게 물었다.

"여러분, 왜 이곳에 오셨습니까?"

답변은 대부분 비슷했다.

"노래가 좋아서요."

"함께하는 시간이 행복해서요."

"무대에서 성취감을 느끼고 싶어서요."

어떤 조직이나 집단에 속하든 간에 누구에게나 '내가 여기 있는 이유'는 명확하다. 합창단이든 회사든 다 똑같다. 그 조직에서 뭔가를 얻고자 함이고, 그만큼 조직에 애정을 갖게 된다. 단원들이 합창단에 들어온 이유도 모두 '좋은 경험을 얻기 위해서'였다. 그런데 뒷담화는 그 이유에 반하는 행위였다. 결과적으로 단원들은 합창단을 사랑하는 마음과 충돌하는 이중 행동을 계속해온 것이다.

뒷담화 같은 부정적 행태는 조직의 분위기를 해치고 성장에 걸림돌로 작용한다. 뒷담화는 문제의 본질을 회피하고 뒤에서 험담하는 방식으로 표출되는 뒤틀린 소통이다. 금지한다고 해서 사라지지 않는다. 진짜 소통을 해야 없앨 수 있다. 그 이면에 쌓여 있는, 예컨대 정면으로 말하지 못하는 분위기, 관계의 두려움, 소속에 대한 불안감 같은 심리 등을 제거해야 한다.

뒷담화는 사람 사이의 갈등이 아니라 '소통 부재'라는 신호다. 그 신호를 읽고 행동으로 응답하는 리더가 있는 조직만이 진짜 팀워크를 형성할 수 있다. 조직에서 갈등은 자연스러운 일이다.

갈등을 외면하거나 뒤에서 속닥거리는 대신 서로 감정을 마주하고 직접 대화하면서 진심으로 이해하려고 노력하면 조직은 바람직한 방향으로 성장할 수 있다. 뒷담화를 없애겠다고 실효성 없는 강경책을 쓰기보다 더 정직한 대화의 물꼬를 어떻게 틀지 고민하는 게 먼저다.

리더의 태도와 감정은 조직으로 고스란히 간다

하루는 컨디션이 좋지 않아 의욕 없이 강의를 시작한 적이 있었다. 그래서일까? 사람들의 반응도 영 신통치 않았다. 서로 에너지를 주고받으며 시너지를 내야 성공적인 강의가 이뤄지는데, 강사가 긍정적인 에너지를 내지 못하니 참석한 사람들 역시 긍정적인 호응을 보이지 못했던 것이다.

그런 상황을 인지한 나는 마음을 다잡고 밝은 에너지를 끌어올려 다시 강의를 이어갔다. 그러자 신기하게도 분위기가 서서히 바뀌기 시작했다. 강의를 듣는 사람들의 표정이 달라지더니 참여도도 점점 높아졌다.

"오랜만에 정말 맘껏 웃었어요."

"행복한 시간이었습니다."

"소통의 중요성을 다시 한번 깨달았습니다."

강의를 마쳤을 때 받은 피드백이다. 내 노력이 헛되지 않았음을 확인하는 순간이었다. 강사의 마음가짐과 태도는 강사 혼자의 것이 아니었다. 강의를 듣는 사람들에게 고스란히 전달됐고, 강의 전체의 결과를 좌우했다.

행복한 리더가 행복한 조직을 만든다

리더는 조직의 방향과 문화를 이끌어가는 사람이다. 리더의 태도와 감정은 구성원들에게 생각보다 훨씬 큰 영향을 미친다.

행복한 리더는 자신감 있고 긍정적인 에너지를 발산한다. 그 에너지는 조직의 분위기를 바꾸고 업무 환경을 변화시킨다. 어려운 상황에서도 해결책을 찾으려는 태도는 구성원들에게 용기를 준다. 난관 앞에서 무너지지 않고 한 걸음씩 나아가는 모습은 말보다 강한 동기가 된다.

이런 리더 밑에서 일하는 구성원들은 더 높은 생산성을 보이고, 더 창의적으로 일하며, 더 긴밀하게 협업한다. 행복은 개인에게만 머무르지 않는다. 리더에게서 시작된 긍정 에너지가 팀 전체로 퍼져나간다.

신뢰와 존중도 중요하다. 일일이 간섭하지 않고 자율성을 주면, 팀원들의 자존감은 높아지고 동기는 더 커진다. 스스로 판단하고 결정할 기회를 얻은 구성원들은 개방적이고 건강한 소통을 만들어낸다. 실수를 두려워하지 않고 의견을 주저 없이 나누는 문화 속에서 직무 만족도는 올라가고 조직 분위기는 긍정적으로 유지된다. 문제나 갈등을 다루는 방식도 달라진다. 감정적으로 대응하지 않고 유연하게 조율하면 조직의 문제도 더 효과적으로 해결된다.

행복과 감동과 공감은 전염된다. 행복한 부모가 행복한 가정을 만들고, 행복한 리더가 행복한 조직을 만든다. 행복한 내가 행복한 삶을 꾸려나가는 것도 마찬가지다. 우리는 외부에서 닥쳐오는 시련을 막을 수 없다. 하지만 내가 어떤 마음으로 나 자신과 타인을 대할지는 선택할 수 있다. 오늘의 기분과 감정을 가벼이 여겨서는 안 된다. 내가 선택한 기분이 쌓여 일과 삶의 태도가 되기 때문이다.

나는 이 사실을 너무 늦게 깨달았다. 리더의 감정이 조직을 움직인다는 걸 머리로는 알고 있었지만 마음으로는 배우지 못했던 시절이 내게도 있었다.

완벽을 향한 집착의 끝에는
불행만이 기다린다

고백건대 나는 MBTI로 보면 'INFJ' 성향이다. 준비되지 않은 상태로 무대에 서는 게 그 무엇보다 두렵다. 강의든 지휘든 완벽하게 준비하지 않으면 내 안에서 경보가 울렸다. 나는 늘 나 자신을 다그쳤고, 그 완벽주의 때문에 나는 언제나 벼랑 끝으로 몰리곤 했다.

이런 기준을 나한테만 적용하지도 않았다. 함께 일하는 강사들도 나처럼 완벽하기를 바랐다. 내 기대를 충족하지 못하면 때와 장소를 가리지 않고 면박을 줬다. 지금 돌아보면 너무나도 어리석고 못된 행동이었다.

돈을 받고 서는 강단이니만큼 나는 그만큼의 책임과 완벽함을 스스로에게 부과했다. 내게 강의는 전쟁터였다. 매번 생존을 건 싸움을 준비하듯 교안을 만들고 리허설하듯 연습했다. 그렇게 법인은 성장했고 강사도 서른 명 가까이 늘었다. 그때 강사들의 눈에 내가 어떻게 비쳤을까?

"대표님 눈에서 살기가 느껴져요."

그들이 한결같이 내게 했던 말이었다. 이 말을 처음 들었을 때 나는 할 말을 잃었다. 황당했다. 나는 더 나은 결과를 만들고 싶었을 뿐이었다. 하지만 내가 실제로 만들어낸 것은 완벽함이 아니라 '두려움'이었다.

회사는 성장했고 시스템도 갖춰졌다. 그렇지만 그 과정에서 함께 웃어야 할 동료들은 떠났고, 나 역시 마음의 여유를 잃었다. 회사는 커지고 있어도 사람들의 온기는 식어갔다. 완벽을 향한 집착은 나를 성장시킨 동시에 내 안의 인간적인 부분을 갉아먹고 있었다. 그때의 나는 성공했지만 결코 행복하지 않았다. 더욱이 그 불행은 나 혼자만의 것이 아니었다. 내 완벽주의는 함께 일하는 사람들까지 무겁게 짓눌렀고, 결국 우리 모두를 지치게 만들었다.

그 경험은 내게 중요한 사실을 가르쳐줬다. 리더의 완벽함보다 더 큰 힘은 함께 웃을 수 있는 여유라는 사실 말이다.

10분의 웃음이 만들어낸 놀라운 변화

국립합창단 단원으로 활동하던 시절, 나는 독일에서 온 객원 지휘자 크리스티안 그루베(Christian Grube) 교수를 만났다. 첫 연습 날, 그는 미소를 머금은 채 단원들에게 이렇게 말했다.

"우리 10분만 웃읍시다."

순간 모두가 당황했다. 명색이 국립합창단을 처음 만나는 자리인데, 그것도 첫 연습에서, 지휘자가 하는 말로는 너무 적절치 않아 보였기 때문이다. 게다가 한자리에 모여 있는 성인들이 아무런 이유 없이 웃는다는 건 무척이나 어색하고 쑥스러운 일이었다. 하지만 그렇게 망설이고 있는 우리에게 크리스티안은 단호하게 말했다.

"좋은 소리는 좋은 마음에서 나옵니다."

그는 좋은 마음을 위해 10분을 웃음으로 채워보자고 했다. 그러고는 먼저 미소를 짓더니 이내 소리 내어 웃기 시작했다.

단원들은 처음에는 모두 억지로 웃어보려고 애썼다. 그러다가 옆 사람과 눈이 마주치자 어색한 분위기가 느껴져 피식 웃음을 터뜨렸다. 여기저기에서 피식거리는 소리가 이어졌다. 억지로 끌어올리던 입꼬리가 어느새 진짜 웃음을 만들어낸 것이다. 잠시 후 곳곳에서 진짜 웃음이 터져 나왔고, 점점 커지는 웃음소리가 연습실을 가득 메웠다.

한번 웃기 시작하자 10분은 생각보다 빠르게 흘러갔다. 그리고 놀랍게도 그 10분 동안의 웃음이 우리 몸과 마음을 열어젖혔다. 굳었던 어깨가 풀어지고 굳은 표정이 사라졌다. 우리를 가만히 지켜보던 크리스티안이 말했다.

"자, 우리는 하나가 됐습니다. 이제부터 함께 소리를 내봅시다."

그날의 연습은 뭔가 평소와 달랐다. 목소리 색깔도 바뀌었고 소리 질감도 따뜻해졌다. 10분의 웃음이 만들어낸 놀라운 변화였다. 리더의 밝은 태도와 즐거운 감정이 함께하는 사람에게 전염돼 결국 모두의 마음을 열게 만든 것이었다. 그날 우리는 마음을 열고 소리를 열어 진정한 '함께'가 됐다.

크리스티안 그루베 교수와 함께했던 시간은 내게 리더가 긍정적인 태도와 감정을 가져야 하는 이유를 깨닫게 해준 소중한 계기가 됐다.

조화의 힘으로 완성되는
심포니 팀워크

'심포니(Symphony)'는 '교향곡'이라는 뜻이지만, 나는 '심포니'라는 세 글자 각각을 한자로 바꿔 그 의미를 새기곤 한다.

'심'은 '마음' 심(心)이다. 진심에서 우러나오는 공감 능력이다.

'포'는 '안을' 포(包)다. 상대를 포용하고 배려하는 자세다.

'니'는 '너' 니(儞, 이)다. 나와 너, 우리 모두를 이르는 말이다.

정리하자면 '심포니'는 "마음(心)으로 감싸안고(包) 너(儞)와 함께 완성하는 길"이다.

교향곡, 즉 심포니는 오케스트라가 연주하는 곡 가운데 가장 규모가 큰 형태다. 적게는 수십 명, 많게는 백 명이 넘는 인원이 각자의 악기를 들고 무대에 선다. 그리고 모두가 지휘자의 손끝에 집중해 하나의 거대한 울림을 만들어낸다. 그 순간 오케스트라는 한자리에 모인 사람들을 넘어 진짜 하나의 존재가 된다. 그게 바로 심포니다.

나는 늘 조직의 이상적인 모습이 심포니와 닮았다고 느꼈다. 리더는 지휘자처럼 전체를 이끌지만, 결국 음악을 완성하는 건 각자 자리를 지키는 단원들이다. 서로의 소리에 귀 기울이고, 호흡을 맞추고, 신뢰할 때 비로소 심포니가 된다.

좋은 리더는
마음을 움직인다

내가 국립합창단에서 활동하고 있을 때 로드니 아이헨버거(Rodney Eichenberger)라는 독일 출신의 미국 합창 지휘자가 객원으로 온 적이 있다. 합창 지휘 교육에서 세계적인 명성을 가진 지휘자였다.

그날 리허설이 지금도 잊히지 않는다. 선정된 곡들은 정말 어려웠다. 화성도 복잡했고, 어쩌다가 음정 하나만 놓쳐도 금세 무너지는 곡들이었다. 사실 아이헨베르거는 노래를 잘 부르는 사람은 아니었다. 그런데도 그의 손끝과 표정, 작은 움직임 하나로 곡마다 완전히 다른 소리가 나왔다.

"이 부분은 어떤 거대한 감정의 파도가 밀려왔다가 다시 빠지는 것처럼. 너무 강하지 않게. 그러나 충분히 밀도 있게. 화음 간 음정 간격을 완전히 정렬하지 않으면 이 곡의 핵심이 사라집니다."

그는 이런 식으로 굳이 말로써 설명하지 않았다. 지휘만으로 정확히 자신이 무엇을 원하는지를 표현했고, 우리는 신기하게도 그것을 알아들을 수 있었다.

아이헨베르거와 리허설을 시작하고 20분도 채 지나지 않아 합창단의 소리가 바뀌는 게 느껴졌다. 물론 완벽하지는 않았다. 하지만 단원들 모두가 알았다. 지금 우리가 듣고 있는 이 변화는 지휘자의 준비와 표현력에서 비롯된 것이라는 사실을 말이다.

이렇듯 준비된 리더 앞에서 팀원들은 스스로 돌아보게 된다. 부족했던 연습이나 채워야 할 부분들이 떠오르면서, 함께 더 나아지고 싶다는 마음이 자연스럽게 생겨난다. 그날 아이헨베르거는 이렇게 말했다.

"곡에 따라 소리를 바꿀 수 있다면, 그것은 지휘자가 가진 가장 큰 무기입니다."

그 순간 나는 속으로 '바로 그거야!' 하고 외쳤다.

리더란 막연한 지시가 아닌, 팀원들이 이해할 수 있는 언어와 신호로 방향을 제시하는 사람이다. 아이헨베르거가 손끝 하나 표정 하나로 우리의 소리를 바꿨던 것처럼 말이다. 그때야 비로소 구성원들의 마음이 움직이고 스스로 변화를 선택한다. 지시받아서가 아니다. 리더가 보여준 명확한 방향 덕분에 함께 가고 싶어지는 것이다. 그 힘이야말로 팀을 하나로 만드는 동력이다.

좋은 리더는
방향을 제시한다

아이헨베르거와 같은 좋은 지휘자는 손을 드는 순간부터 단원들의 시선과 마음을 하나로 모으는 힘을 갖고 있다. 자석이 흩어진 철 가루를 강력한 힘으로 끌어당기듯, 지휘자라는 존재와 그 손끝에서 느껴지는 에너지가 단원들을 집중시키는 것이다. 지휘자가 몸을 움직여 행동하는 그 순간, 단원들은 각자의 생각을 내려놓고 지휘자의 의도에 귀를 기울이며 빠르게 하나의 소리로 응축된다.

음악의 시작을 알리는 '엔트런스(Entrance)'는 단순한 연주의 시작이 아니다. 마치 막힌 하수구가 단숨에 뚫리며 물줄기가 강하게 흐르는 것 같은 해방감과 에너지를 선사하는 부분이다. 지휘자의 첫 동작과 음악의 질감이 단원들의 마음을 열면, 그들은 음악의 흐름 속에 자연스럽게 결합한다. 이때 만들어지는 힘은 지휘자 혼자가 아닌, 지휘자와 단원들이 주고받는 에너지의 교류에서 비롯된다.

반면 실력이 부족한 지휘자는 아무리 노력해도 이런 응축의 힘을 발휘하지 못한다. 흩어진 철 가루를 끌어당길 자기력이 없는 쇳덩이처럼, 지휘자가 단원들을 하나로 모으지 못하면 음악은 곧 생명력을 잃고 만다. 리더십의 본질은 기술이 아니라 관계에 있다. 좋은 리더는 자기 내면에서 비롯된 힘으로 구성원들을 결속시키고, 구성원은 그 힘에 화답하며 하나로 모인다.

리더가 자신에게 던져야 하는 가장 중요한 질문은 이것이다.

"나는 내 존재로 단원들에게 어떤 에너지를 전달하고 있는가?"

리더십은 지시에서 완성되지 않는다. 구성원들이 자발적으로 그 흐름에 동참하게 만드는 순간, 진정한 팀워크가 시작된다.

좋은 리더는
함께 걷는다

권력을 휘두르는 자리에 앉았다고 해서 리더는 아니다. 진정한 리더는 조직의 방향성을 제시해 구성원들이 믿고 따를 중심이 돼야 한다. 그러나 요즘 우리 사회를 둘러보면 과연 올바른 리더십을 갖춘 진정한 리더가 있는지, 또 우리가 각자 국민으로서 자신의 역할을 제대로 하고 있는지 고민하게 된다. 주권을 가진 국민이 자신의 목소리를 내지 않고 자신의 권리를 주장하지 않으면, 리더가 독단적으로 행동할 여지를 주는 셈이다. 국민의 무관심 속에서 잘못된 리더십을 가진 리더가 나오고, 그 피해는 고스란히 국민 모두가 지게 된다.

올바른 리더십은 리더 혼자 만드는 게 아니다. 리더와 구성원이 함께 쌓아 올린 신뢰와 공감 속에서 자라난다. 신뢰가 없는 리더는 구성원의 마음을 얻지 못하고, 신뢰가 없는 구성원은 리더의 비전을 헤아리기 어렵다. 그렇게 되면 조직은 멈추거나 거꾸로 흘러가게 된다. 리더십은 결국 한 사람의 자질이 아니라, 함께 만들어가는 관계의 성숙함 속에서 빛을 발한다.

이 원리는 작은 팀, 거대한 조직, 국가 공동체에 똑같이 적용된다. 특히 국가의 리더라면 더 그렇다. 헌법 가치와 민주주의 원칙 위에서 무엇보다 국민과의 신뢰와 소통을 바탕으로 설 때 공동체의 미래가 열린다. 이를 잊는 순간 리더십은 흔들리고 사회 전체가 방향을 상실한다.

우리 사회는 어떤 리더와 구성원을 원할까? 자신의 위치를 특권이 아닌 책임으로 받아들이는 리더, 수동적인 추종자가 아닌 함께 길을 만들어가는 동반자로서의 구성원을 바란다. 제도적 토대 위에서 신뢰와 소통을 이어갈 때 공동체적 리더십은 비로소 완성된다. 그것이 우리가 나아가야 할 길이다.

음악을 통해 배우는
리더십의 기승전결

베토벤 교향곡 제6번 〈전원(田園, Pastorale)〉은 제1악장부터 차례로 시골에 도착한 기쁨, 시냇가의 풍경, 시골 농부들의 즐거움, 폭풍, 폭풍 이후의 희망과 감사를 의미하는 다섯 악장으로 구성돼 있다. 기승전결의 구조다.

'기(起)'에 해당하는 것은 제1악장~제2악장으로, 시골에 도착한 기쁨과 시냇가의 풍경을 묘사하는 장면이다. '승(承)'은 제3악장인 농부들이 모여서 즐거운 한때를 보내는 장면이고, '전(轉)'은 제4악장에서 폭풍이 몰아치며 긴장과 위기가 최고조에 다다르는 장면이다. 마지막 '결(結)'은 제5악장, 폭풍이 지나간 후의 희망과 감사를 표현하는 장면이다.

지휘를 위해 악보를 분석하다 보면 〈전원〉 교향곡처럼 기승전결 구조가 명확한 곡들을 종종 볼 수 있다. 그리고 이런 구조는 조직을 이끄는 리더십과 팀워크에도 적용할 수 있다.

음악과 조직은
구조가 같다

음악의 도입부는 '기'에 해당하는 부분으로 청중에게 주제를 제시하며 앞으로의 전개에 대한 기대감을 불러일으키는 역할을 한다. 마찬가지로 리더는 조직을 시작하는 단계에서 구성원들에게 분명한 비전과 목표, 그리고 가치를 제시하는 리더십을 보여 줘야 한다. 음악에서 곡의 도입부가 청중에게 주제를 소개하는 것과 같다. '기' 단계에서는 구성원들이 비전을 공유하고 공감하도록 이끄는 게 중요하다. 오케스트라 각각의 악기가 같은 악보를 보며 하나의 소리를 만들어내듯, 팀원들이 같은 방향을 바라보는 것이 시작이다.

음악의 전개부, 즉 '승'에 해당하는 부분에서는 곡의 긴장감이 고조되면서 다양한 변화를 통해 청중을 몰입하게 만든다. 조직 역시 성장 과정에서 갈등과 변화가 발생하는 시기다. 이 시기에 리더는 조직 내 갈등을 해결하고 변화를 안정적으로 안착시키는 리더십을 발휘해야 한다. 동시에 구성원 각자의 강점이 조화롭게 어우러질 수 있도록 팀워크를 다져나간다. 다양한 의견과 갈등을 조율하면서도 원래 설정한 비전과 목표에서 벗어나지 않는 게 중요하다. 갈등을 해결하고 성장의 기회를 잡는 이 과정을 리더가 잘 이끌어야 조직의 결속력은 더욱 단단해질 수 있다.

'전'에 해당하는 클라이맥스는 음악에서 가장 강렬하고 감정적인 부분이다. 청중은 음악이 절정에 도달하는 클라이맥스에서 곡의 주제와 감정을 더욱 깊이 이해하고 느끼게 된다. 조직의 성장 과정에서 클라이맥스는 중요한 성과를 거두거나 결정적인 성공의 순간을 맞이하는 시점이다. 이때 리더는 조직을 하나로 만들어 모든 구성원이 한목소리로 가장 중요한 목표를 향해 나아가도록 이끌어야 한다. 구성원들의 잠재력을 끌어내서 도전 과제를 성공적으로 극복하고 목표를 달성할 수 있도록 돕는다.

음악의 종결부 '결'은 긴장이 해소되며 청중에게 여운을 남기는 마무리 부분이다. 곡의 전반적인 흐름을 정리하는 동시에 주제를 환기하는 역할을 한다. 조직 내에서는 목표한 성과를 달성한 후에 지나온 과정을 돌아보며 구성원들과 함께 의미를 나누는 시간이라고 할 수 있다. 이 시기에 리더는 구성원들로 하여금 이뤄낸 성과를 충분히 인식하고 재성장을 준비할 수 있도록 지원해야 한다. 좋은 음악은 연주가 끝난 뒤에도 청중에게 오래도록 긴 여운을 남긴다. 리더 또한 구성원들에게 여운을 남겨야 한다. 이 때의 여운이란 조직이 다음 단계로 성장하는 데 필요한 동기와 감동이다.

성과와 책임을
동시에 추구한다

리더가 조직의 방향을 명확히 설정하고 전략을 실행해 도전을 극복해서 성과를 창출하는 과정인 리더십의 기승전결을 명확히 보여주는 사례가 있다. 펩시코(PepsiCo)의 CEO 인드라 누이(Indra Nooyi)의 성공이 대표적이다.

2006년 무렵 펩시코는 탄산음료와 스낵 중심의 전통적 포트폴리오로 인해 건강과 환경에 대한 사회적 요구에 부응하지 못하고 있었다. 이 시기 인드라 누이가 CEO로 취임했는데, 그는 이제 펩시코가 성과와 책임을 동시에 추구하는 기업으로 거듭나야 한다고 강조하면서 '목적이 있는 성과'라는 비전을 제시했다.

이 비전을 실현하기 위해 그는 제품 포트폴리오를 건강 지향으로 전환하는 한편 환경의 지속가능성을 고려하는 생산 방식을 도입했다. 나아가 여성 리더십을 통해 다양성을 존중하는 조직 문화를 조성해 직원들의 참여와 몰입을 이끌어냈다.

물론 이 같은 변화를 거부하려는 조직 내 저항도 만만치 않았다. 건강 친화 제품으로 전환하자 초기에는 수익성이 악화했고 이 과정에서 직원들의 불만을 사기도 했다. 그래도 누이는 지속적인 소통과 설득을 통해 이런 저항을 극복해나갔다.

그 결과 펩시코는 2017년까지 전체 매출의 50퍼센트를 건강 친화 제품으로 창출하는 기업이 됐으며 수익성도 대폭 향상됐다. 아울러 환경의 지속가능성이라는 사회적 책임을 다하는 기업으로서의 이미지를 확립할 수 있었다.

음악이 기승전결의 구조를 통해 감동을 선사하듯이, 조직은 리더와 구성원들의 조화로운 협력을 통해 성공을 이끌어내야 한다. 조직의 방향성을 명확히 설정하고, 갈등과 변화를 조율하고, 중요한 성과를 달성하고, 다시 성장을 준비하는 과정을 보여주는 인드라 누이의 사례에 주목해야 할 이유다.

이 과정이 자연스럽고 조화롭게 이뤄질 때, 조직은 이상적인 방향으로 나아갈 수 있다.

조직의 원동력,
추진력과 마찰력

음악에서 힘 있고 강렬한 소리를 내려면 앞으로 내보내는 '추진력'이 필요하다. 목표를 향해 나아가게 해주는 동기와 에너지인 추진력이 있어야 힘을 받을 수 있기 때문이다. 모든 연주자가 일치된 방향으로 나아간 결과로 함께 도달할 수 있는 힘찬 '포르테'는 협동과 에너지가 조화롭게 어우러질 때라야 가능하다. 지휘자의 리더십만으로는 부족하다. 각 연주자가 자신의 소리를 끝까지 책임지고 내어줄 때 전체의 힘이 배가된다.

그러나 때로는 바삐 내고 있던 속도를 잠시 멈추고 재정비하면서 다음 단계를 준비하는 것도 중요하다. 이때 중요한 요소가 앞으로 나아가려는 관성에 저항하는 '마찰력'이다. 음악에서 한 박자 멈추거나 템포를 늦추는 순간은 다음 프레이즈(phrase, 악구)를 위한 준비의 시간이며, 그 순간의 여백이 음악에 깊이를 더한다. 마찬가지로 조직에서도 멈춤의 순간은 단순히 리더가 주는 지시가 아니라, 팀원들이 각자의 자리에서 느낀 한계와 피드백을 통해 함께 만들어가는 과정이다.

추진력으로 나아가고, 마찰력으로 방향을 잡는다

추진력과 마찰력은 조직을 움직이는 데에도 그대로 적용된다. 조직이 목표를 향해 나아갈 때 필요한 것은 집단적 추진력이다. 리더가 목표를 명확하게 제시하고 모든 구성원이 한마음으로 힘을 모아야만 시너지가 일어나 강력한 성과를 낼 수 있다.

그렇더라도 무한한 추진력만으로는 성공을 담보할 수 없다. 조직을 움직이는 모든 추진력은 일시적인 저항과 마찰을 통해 성찰의 기회를 얻어 더 나은 방향으로 나아갈 수 있다. 그래서 리더는 적절한 순간에 제동을 걸어야 하고, 그 속에서 팀이 '방향'을 재조정할 수 있도록 도와야 한다. 이 과정에서 중요한 것은 리더의 지혜뿐 아니라, 팀원들이 스스로 목소리를 내고 참여할 수 있는 공동의 '조율'이다.

실화를 바탕으로 한 영화 〈머니볼(Moneyball)〉에서 강력한 추진력의 리더십을 발견할 수 있다. 메이저리그 구단 오클랜드 애슬레틱스(Oakland Athletics) 단장 빌리 빈(Billy Beane)은 당시 야구계에서 상식으로 통하던 "선수는 스카우트의 직관으로 평가한다"는 고정관념에 정면으로 도전했다. 최하위 수준의 구단 예산으로는 스타 선수를 영입할 수 없다고 판단한 그는 새로운 돌파구를 찾아 나섰고, 그 답을 데이터 분석에서 발견했다.

모두가 비웃고 반대하던 순간에도 빌리 빈은 데이터를 기반으로 한 새로운 기준으로 야구의 판을 바꾸겠다는 믿음을 끝까지 내려놓지 않았다. 조직 내부의 거센 반발을 설득해 잠재우고 저평가된 선수들로 팀을 재편해 마침내 아메리칸리그에서 기록적인 20연승을 이끌어냈다.

빌리 빈의 추진력은 단순히 새로운 아이디어에서 그치지 않았다. 기존 질서를 뒤집는 선택을 즉시 실행해 밀어붙였다. 개인의 고집이 아니라 데이터를 근거로 명확한 비전을 제시했으며, 팀 전체가 그 흐름에 동참하도록 설득했다. 비록 최종 우승은 놓쳤지만, 그의 도전은 야구라는 산업 전체의 철학을 바꿔놓았다. 추진력은 때로 눈앞의 성과보다 더 큰 변화를 만들어내는 힘임을 여실히 증명한 사례라고 할 수 있다.

그러나 추진력만으로는 무리한 결과를 초래할 위험이 있다. 때로는 멈춰서 돌아보고 목표에 대해 재정비하는 시간이 필요하다. 마찰력은 이런 순간을 만드는 데 중요한 역할을 한다. 음악에서 잠시 멈추고 다음 프레이즈를 준비하듯, 리더는 적절한 순간에 팀을 쉬게 하거나 방향을 조정할 환경을 제공해야 한다. 마찰력은 단순한 저항이 아닌, 더 나은 방향으로 나아가기 위한 필수적인 조정이다. 조직 내 다양한 의견과 우려, 반대의 목소리까지 건강한 마찰력으로 작용해 조직이 균형을 잃지 않도록 해준다.

추진력과 마찰력의
조화가 중요하다

추진력과 마찰력의 조화는 리더 혼자만의 노력으로 이뤄질 수 없다. 오케스트라에서 지휘자가 아무리 명확한 신호를 보내도 각각의 악기 연주자가 자기 파트를 정확히 연주하지 않으면 조화로운 음악은 만들어지지 않는다. 조직에서도 팀원들의 적극적인 참여와 실행이 필수적이다. 리더가 방향을 제시하면 팀원들은 그 비전을 자신의 업무에 구체화하고, 현장에서 발견한 문제점을 리더에게 전달하고, 때로는 리더의 결정에 건설적인 이의를 제기하는 역할을 해야 한다.

성공하는 조직은 리더와 팀원 모두가 추진력과 마찰력을 함께 만들어갈 때 탄생한다. 팀원들이 목표를 향해 적극적으로 나아갈 때 조직의 추진력은 더욱 강력해진다. 그러나 마찰력 없이 무턱대고 앞으로만 치달으면 금세 지쳐서 기존의 추진력조차 상실할 수 있다. 팀원들이 제기하는 질문, 우려, 현장의 목소리가 적절한 마찰력으로 작용할 때 조직은 목표를 향해 나아갈 수 있는 동기를 부여받아 건강한 추진력을 유지할 수 있다.

추진력은 우리를 앞으로 이끄는 힘이고, 마찰력은 그 길에서 함께 멈춰 숨을 고르게 하며 서로를 성찰하게 하는 힘이다. 두 가지 힘은 어느 한 사람이 만드는 게 아니라, 구성원 모두가 더하고 보태며 만들어가는 것이다. 오케스트라의 모든 악기가 자기 소리를 내되 서로의 소리를 들으며 하나의 울림을 완성하듯, 조직의 협업도 각자의 자리에서 추진력과 마찰력에 이바지할 때 진짜 조화를 이룰 수 있다.

그래서 팀은 속도를 낼 때도 걸음을 늦출 때도 서로의 호흡을 맞춰야 한다. 음악에서 강약이 교차할 때 작품이 깊이를 더하듯, 조직도 추진력과 마찰력이 균형을 이룰 때 비로소 오래 함께할 힘을 갖게 된다. 이 균형이야말로 팀과 조직을 단단하게 묶어주는 진정한 힘이다.

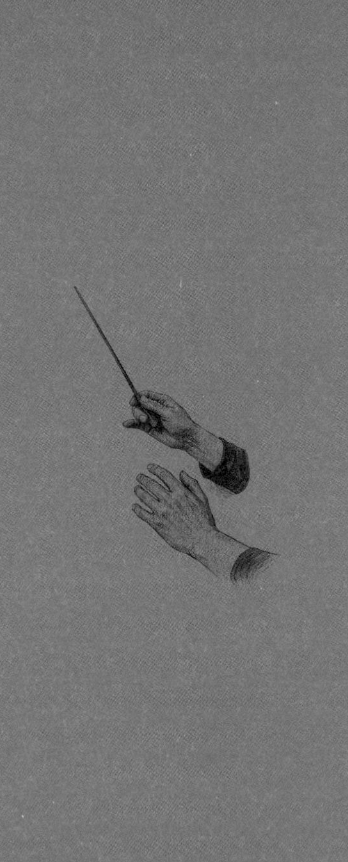

알레그로
Allegro

빠르고 경쾌하게, 성장하는 조직을 위한 리더십

우리는 제1악장에서 공동체 구성원으로 함께 살아가기 위해 '아다지오'의 속도를 늦추고 힘을 빼는 지혜를 배웠다. 제2악장 '안단테'에서는 남과 비교하거나 조급함에 휘둘리지 않으면서 나만의 리듬과 속도를 지키며 조직의 구성원으로 살아가는 태도의 중요성을 이야기했다. 제3악장 '모데라토'에서는 하나의 팀이 공동의 목표를 향해 나아가는 데 필요한 배려의 감각과 협력의 기술을 다뤘다. 이제 마지막 제4악장 '알레그로'에서는 빠르고 경쾌하게 앞으로 달려가는 방법을 들여다볼 차례다. 개인과 관계의 차원을 넘어, 공동체를 이끌며 더 큰 울림을 만들어내는 성장 리더의 모습으로 시선을 옮기고자 한다.

참된 리더는 남들이 멈춰 있을 때 먼저 일어나 달리는 사람이다. 하지만 알레그로의 속도는 단순한 '빠름'이 아니다. 빠르게 달리면서도 소통과 조율을 통해 공동체의 하모니를 만들어내는 힘이다. 팀워크가 살아있는 조직과 우뚝 성장하는 조직을 만들려면 어떤 리더십이 필요한지 살펴보자. 팀이 건강하게 작동하기 위한 원칙과 방법에는 무엇이 있을까?

불통과 침묵의
참혹한 대가

요즘 시립소년소녀합창단을 둘러싼 환경은 과거와 분명히 다르다. 아이들은 예전과 비교할 수 없을 정도로 바쁘다. 학교 수업만으로도 일정이 가득 차 있고, 그 사이에 각종 예체능과 학습 활동이 촘촘히 들어와 있다. 더 이상 여유 속에서 합창을 선택할 수 있는 그런 구조가 아니다.

또 하나의 변화는 저출산이다. 아이를 많이 낳는 시대가 아니다 보니, 한 명의 아이에게 쏟아지는 부모의 관심이 훨씬 커졌다. 관심이 커졌다는 것은 애정이 깊어졌다는 뜻이기도 하지만, 동시에 불안도 함께 커졌다는 의미다. 이 변화는 자연스럽게 합창단 운영 전반에 영향을 미친다.

일방적 질문과 통보는
소통이 아니다

부모는 질문이 많아졌고, 확인하고 싶은 것도 늘었다. 그런데 문제는 질문 자체가 아니다. 그 질문을 어떻게 받아들이고, 어떻게 응답하느냐다. 소년소녀합창단은 교육 기관인 동시에 연주 단체다. 연주 단체의 일정은 늘 유동적이다. 갑작스러운 초청 연주회가 생길 수 있고, 일정이 촉박하게 잡히는 경우도 있다. 특별한 예외 상황이 아니라 이 세계의 일상이다.

문제는 연주회 행사가 갑자기 잡힌다는 게 아니다. 그 사실을 전달하는 방식이 잘못됐다. 같은 일정이라도 어떤 맥락 설명과 함께 공지되느냐에 따라 민원이 될 수도 있고, 이해와 협조로 이어질 수도 있다.

그러나 사무국의 전달 방식은 오랫동안 크게 변하지 않고 있다. 국장은 시립소년소녀합창단을 창단한 인물이다. 초창기부터 지금까지 단체를 지켜온 사람이니, 그 헌신은 존중받아 마땅하다. 다만 초창기 시립합창단이 만들어지던 시기의 공지 방식과, 지금의 학부모들이 살아가는 시대의 소통 방식은 같을 수가 없다. 시대가 변했다. 하지만 전달 방식은 예전 그대로다. 그 결과 작은 불편이 쌓이고 쌓여 민원이 됐다.

민원은 어느 날 갑자기 생긴 게 아닌, 오랫동안 누적된 결과였다. 나는 문제의 해법이 행정 기술이 아니라 관계 회복에 있다고 봤다. 그래서 제안했다. 분기별로라도 학부모들과 직접 소통할 수 있는 자리를 만들자고 했다. 형식적인 설명회가 아니라, 합창단의 현실을 함께 나누고 부모들의 고충을 직접 듣는 자리 말이다. 내가 학부모 교육을 직접 맡겠다고 했다.

연주 단체가 안고 있는 구조적 어려움, 현실적으로 감당해야 하는 일정의 특성, 그리고 아이들을 위해 우리가 어떤 선택을 하고 있는지를 솔직하게 설명하고 싶었다. 이 제안의 핵심은 설득이 아니었다. 같은 정보를 공유하고, 같은 그림을 보게 만드는 것이었다. 갈등은 대화로 풀 수 있다고 믿었다.

소통을 피하는 것이
일을 더 어렵게 만든다

그러나 돌아온 대답은 짧고 단호했다.

"왜 그렇게 일을 어렵게 만들려고 합니까?"

이 말 한마디로 상황은 정리됐다. 소통은 그저 '추가 업무'였고, 대화는 '불필요한 과정'이었다. 문제를 해결하려던 시도가 오히려 문제를 만드는 행동처럼 치부됐다. 그 순간 나는 깨달았다. 이 조직이 두려워하는 것은 민원이 아니라, 대화 그 자체라는 사실을.

하지만 나는 이미 다른 경험을 갖고 있었다. 사설로 운영되던 소년소녀합창단에서 지휘자로 함께했던 시간이었다. 그곳에서는 두 달에 한 번씩 정기적으로 학부모 간담회를 열었다. 잘되고 있는 점만 이야기하지는 않았다. 연습이 어려운 이유, 아이들이 지쳐 보이는 순간, 연주 단체로서의 한계까지 솔직하게 의견을 나눴다. 학부모들의 부담과 불안, 일정에 대한 현실적인 고충도 그대로 들었다. 누군가를 설득하려 하지 않았다. 그저 상황을 공유했다.

그렇게 시간이 지나자 변화가 나타났다. 일정 변경에 대한 반발은 줄어들었고, 공지 한 문장의 의미를 먼저 헤아려주는 분위기가 만들어졌다. 부모들은 합창단을 '맡겨둔 곳'이 아니라 '함께 키워가는 공간'으로 인식하기 시작했다. 그 결과 모두가 만족하는 합창단이 됐다.

이때의 경험은 나에게 분명한 확신을 심어줬다. 소통은 허울뿐인 말의 잔치가 아니다. 이미 효과가 입증된 가장 현실적인 해결책이다. 행정은 효율로 움직일 수 있지만, 교육은 효율만으로는 유지되지 않는다. 교육은 언제나 관계 위에 서 있다.

소통이 일을 어렵게 만드는 게 아니다. 소통을 피하는 것이 일을 더 어렵게 만든다. 지금 편해 보이는 선택이 언젠가 더 큰 갈등으로 돌아온다. 여기서 우리는 질문을 던져야 한다. 우리는 왜 소통을 두려워하는가? 우리는 왜 대화를 시도하려는 사람을 문제인 듯 바라보는가? 안정이라는 이름으로 유지되는 이 불통의 구조가 과연 아이들을 위한 선택인가?

나는 여전히 믿는다. 갈등을 줄이는 가장 빠른 길은 서로를 피하는 것이 아니라, 서로를 제대로 만나는 것에 있음을.

리더의 자리에서 배운
경계의 미학

내가 리더십에서 처음으로 깊은 좌절을 마주한 순간이 있었다. 실패했다거나 무너졌다는 표현은 적절치 않다. 그보다는 오래전부터 그 자리를 지키고 있던 굳건한 벽 앞에서 더 이상 발을 내딛지 못했다는 표현이 적합하다. 개인의 역량으로는 쉽게 넘을 수 없는, 조직의 오래된 관성과 문화가 켜켜이 쌓여 만들어진 벽이었다. 너무나도 높고 견고했다.

위촉장을 받던 날의 떨림이 지금도 또렷하게 느껴진다. 종이 한 장일 뿐이었지만 그 안에는 내가 걸어온 시간과 선택들이 모두 응축돼 있었다. 이 합창단을 더 넓은 무대로 이끌어야 한다는 책임감이 차올랐고 그만큼 마음도 단단해졌다. 나는 완벽을 향해 내달렸으며 그 시간이 나를 더 예민하고 한층 더 집중하도록 만들었다. 열정은 전염된다고 하지 않던가. 내가 가진 열정이 단원들에게도 자연스럽게 스며들 거라고 여겼다. 그렇게 모두가 같은 방향을 바라보며 자연스레 하나로 모이리라고 확신했다.

하지만 나는 곧 알게 됐다. 내 열정의 온도와 조직의 온도, 내가 기대한 속도와 조직이 움직이는 속도는 같지 않다는 사실을. 팀원들은 내 마음처럼 따라주지 않았다. 이상과 현실이 서로 다른 리듬으로 움직이고 있었다. 그 간격을 이해하기까지 그리 긴 시간이 필요하지는 않았다.

변화를 거부하는 조직의 관성과
리더의 비전 사이에서

앞서 언급했듯이 나는 유학파가 아니었다. 이 사실 하나만으로도 지휘자의 세계에서 넘어야 할 벽은 많았다. 우리 음악계는 오랜 시간 "무엇을 들려줄 수 있는가?"보다 "어디에서 배웠는가?"를 맨 앞에 뒀다. 성인 시립합창단의 문을 여러 차례 두드렸지만, 그 문은 요지부동 열리지 않았다. 닫힌 문 앞에서 마냥 머무를 수는 없었기에 결국 나는 방향을 틀었다. 아직 가능성이 자라고 있는 아이들의 호흡 속에서 새로운 음악을 만들겠다는 마음을 먹고 시립소년소녀합창단으로 향했다. 누가 보든 말든 나는 그곳에서 '진짜 음악'을 만들고 싶었다.

하지만 조직은 악보보다 훨씬 복잡한 화성을 품고 있었다. 명목상 내게 다섯 명의 직원이 있었으나, 그들과 함께 호흡을 맞추기란 쉬운 일이 아니었다. 이미 오랜 세월 그들끼리 함께 일하면서 자연스럽게 굳어진 질서를 갖고 있었기 때문이다. 회의는 형식적이었고, 중요한 결정은 이미 그들의 사전 조율로 정해진 뒤였다. 내가 제안하는 새로운 시도들은 "검토해보겠다"는 말과 함께 조용히 묻혔다. 겉으로 드러난 구조보다 훨씬 깊게 자리 잡은 그 내부의 규칙은 새로 온 사람이 쉽게 깨뜨릴 수 있는 것이 아니었다. 나는 그저 그 체계 위에 뒤늦게 올라탄 외부인일 뿐이었다.

창단부터 조직을 지켜온 사무국장이 은퇴를 앞두고 있었다. 그에게 합창단은 단순한 일터가 아니라 오랜 시간 몸에 밴 방식과 질서가 유지돼야 하는 곳이었다. 자연스럽게 그는 익숙한 흐름이 깨지는 것을 부담스러워했고, 변화보다는 현재의 평온함을 더 중요하게 여겼다. 더구나 그의 영향력은 실제적이고 실질적이었다. 직원들은 그의 눈치를 더 살폈고, 모든 것이 그의 승인을 거쳐야 했다.

공공조직 특유의 분위기도 그와 잘 맞아떨어졌다. 새로운 시도를 반기는 분위기보다 별 탈 없이 돌아가는 상태를 가장 이상적인 기준으로 여겼다. 익숙한 방식이 반복되는 게 오히려 안전하다고 믿는 문화 속에서 변화는 그저 불필요한 소란으로 받아들여졌다.

그런 환경 속에서 나는 자연스럽게 '변수'가 됐다. 기존 질서를 바꾸려는 사람보다는 그 흐름을 흔들 수 있는 사람으로 보인 것이다. 그래서 우선 이해하려고 했다. 오랫동안 자리를 지켜온 사람들의 방식이니 그들만의 경험과 이유가 있으리라고 생각했다. 하지만 배려의 마음은 종종 경계를 흐리게 만들었다. 한 걸음 양보하면 한 발 더 내주게 됐고, 그러다 보니 어느새 내가 서 있어야 할 자리마저 흐릿해졌다. 함께 상의하며 가자고 마음을 다잡았지만, 어느 순간 나는 나중에 결과만 전달받는 사람이 돼 있었다.

음악적 판단은 분명 내게서 시작됐지만, 결정은 내 손을 떠나 있었다. 명목상으로는 내가 리더였지만, 실제 방향과 흐름은 다른 곳에서 정해졌다. 그제야 깨달았다. 조직은 개인의 선의만으로 움직이지 않으며 역할의 선을 분명히 그어야 움직인다는 것을. 그렇게 질문이 시작됐다.

"배려는 어디까지가 존중이고, 어디서부터 스스로를 잃는 일이 되는가?"

막연한 배려보다 중요한 것은
역할의 경계를 세우는 일

그 무렵 합창단의 현실적 어려움마저 겹쳤다. 고학년 단원들이 학업과 사교육에 지쳐 빠져나가니, 인원이 점점 줄어들었다. 공연 일정이 이미 다가오고 있었던 터라 상황을 탓할 여유도 없었다. 단원 모집 기간 내내 비가 오든 눈이 오든 아파트 단지를 돌아다녔다. 관리사무소를 찾아 공고문을 부탁했고, 아이 한 명의 이름이 명단에 새로 적힐 때마다 작은 기적처럼 마음이 움직였다. 이 아이들이 만들어갈 음악에 대한 기대감이 움텄다.

애써 인원을 다 채운 후 나는 합창단을 A반과 B반으로 나눴다. B반은 아직 손끝이 여린 2~4학년 아이들이었지만, 나는 그 아이들에게 단순히 노래만 가르치고 싶지는 않았다. 음악의 표면 아래에 흐르는 구조, 호흡, 울림의 원리를 알게 하고 싶었다. 그래서 기초 이론과 발성 훈련을 담은 교재를 직접 만들었다. 발성은 큰 소리를 내는 일이 아닌 자신의 울림을 찾는 과정이고, 기다림 속에서 자라나는 동경이 경쟁보다 훨씬 더 깊은 힘을 만든다는 사실을 아이들에게 알려주고 싶었다.

그런데 이런 노력이 갈등의 불씨가 되리라고는 상상도 못 했다. 조직은 '그동안 해왔던 방식'을 원했고, 나는 '해야 한다고 믿는 방식'을 고집했다. 아이들을 위한 배려였지만, 동시에 조직의 관성에 대한 도전이기도 했던 것이다. 그러던 어느 날, 국장이 내게 물었다.

"노래 안 가르치고 뭘 가르치는 겁니까?"

그 한마디는 차가운 칼끝 같았다. 그동안 쌓여온 모든 갈등이 응축된 순간이었다. 단순한 비판이 아니라, 내 존재 자체에 대한 부정으로 느껴졌다. 아이들의 호흡 속에서 음악의 본질을 찾으려고 했던 시간, 내가 세워온 가르침의 목적과 방향이 한순간 흔들렸다. 사람은 신념이 부정될 때 깊이 흔들리는 법이다. 그 이후로 얼마간 버텼지만, 조직의 벽은 더 단단해질 뿐이었다. 결국 나는 사직서를 썼다. 침묵이 조직을 위한 배려는 아니라고 판단했다.

음악이 조화를 지향하듯 팀도 조화를 추구한다. 하지만 내가 서 있던 자리는 더 이상 조화를 만들어낼 수 없는 구조였다. 조화가 불가능한 자리에서는 아무리 노력한들 방향을 바로 세우기 어렵고, 결단이 내려지고 나서야 비로소 문제가 드러나기도 하기 때문이다. 리더의 역할을 내려놓기로 한 것도 그래서였다.

과한 배려는 관계를 부드럽게 하지만, 팀의 방향을 잃게도 만든다. 리더는 모두를 만족시키는 사람이 아니라, 언제 밀어붙이고 언제 물러서야 하는지를 정확히 판단하는 사람이다. 그 일을 겪은 뒤 나는 이런 결론에 도달했다.

"배려는 필요하되, 경계가 먼저여야 한다."

"결단은 날카롭되, 설명은 부드러워야 한다."

"성과는 신뢰 위에서만 오래 간다."

그러니 다음 질문이 열렸다.

"공동체는 무엇으로 하나가 되는가?"

"왜 우리는 같은 악보를 펼치고도 서로 다른 곡을 듣는가?"

"리더가 어떻게 해야 서로 다른 리듬을 가진 사람들을 하나의 흐름 속에서 호흡하도록 만들 수 있는가?"

유연성을 잃은 리더십은
흐름을 잃은 음악과 같다

음악의 세 가지 요소인 '멜로디', '화성', '리듬' 중에서도 리듬은 '흐름'과 맞닿아 있다. 리듬은 단순히 일정한 박자를 반복하는 게 아니라, 맥박처럼 생명을 품고 온몸으로 퍼져나가는 흐름이다. 사람의 심장이 혈액을 온몸에 고르게 공급해 생명을 유지하듯이, 음악에서도 리듬은 음들을 자유롭게 흐르게 하며 곡 전체에 생명력을 불어넣는다. 심장이 제 역할을 하지 못하고 혈관이 막히면 어떻게 될까? 생명이 위태로워질 것이다. 이처럼 음악에서도 흐름이 막히면 연주는 생동감을 잃을뿐더러 소음 말고 다른 무엇도 아니게 된다.

리더십도 마찬가지다. 리더가 사고의 '유연성'을 잃는 순간 조직의 업무 흐름은 끊어지고 더 이상 앞으로 나아갈 추진력을 발휘할 수 없다. 당연히 그 안의 사람들은 답답함을 느끼게 되는데, 특히 젊은 세대는 정체된 환경을 견디지 못해서 가장 먼저 조직을 떠난다. 이때는 아무리 좋은 조건을 제시하더라도 무용지물이다. 리더의 역량이 모자라거나 조직 안에서 더 이상 성장할 수 없다고 느끼면 거액의 연봉에도 연연하지 않는다. 유연한 사고에 기반한 리더십이 중요한 이유가 바로 이 때문이다.

상황에 맞는 유연한 사고는 조직에 생명을 불어넣는다

그 어느 때보다 다양한 가치관과 새로운 아이디어가 끊임없이 출몰하는 요즘이다. 이런 시대에 리더가 사고의 유연성을 유지하지 못하면 그 조직은 성장과 발전을 멈추게 된다. 리더는 그저 외로운 섬이 되고 만다.

그렇다면 리더는 어떻게 사고의 유연성을 유지할 수 있을까? 음악에서 리듬이 단순히 반복되는 게 아니라 다양한 변화와 자유로운 표현을 통해 생명력을 얻듯이, 리더 또한 고정관념을 깨고 끊임없이 새로운 관점을 받아들여야 한다. 지휘자가 악보에 적힌 박자를 지키면서도 그 안에 숨겨진 흐름과 감정을 읽어내어 연주자들이 자연스럽게 호흡하게 만드는 것처럼, 리더도 규칙과 원칙을 유지하되 상황에 맞는 유연한 사고와 결정을 통해 공동체가 조화롭게 흘러가도록 이끌어야 한다.

한 곡의 음악이 강물처럼 흘러 아름다운 하모니를 만들어낼 때 관객은 깊이 감동한다. 리더의 생각도 그렇게 유연하게 흐를 때 조직은 강한 생명력을 얻고 지속적인 성장을 이어갈 수 있다. 리더의 유연성은 단순한 성격적 특성을 넘어 공동체 전체의 활력과 직결된다. 사고의 흐름이 열린 리더는 변화에 민첩하게 반응하고, 구성원들의 의견을 기꺼이 받아들이며, 그 과정에서 사람들의 마음을 움직인다.

이처럼 유연성이 살아있는 리더십이 자리 잡은 조직은 자유롭고 창의적인 소통이 가능하다. 이런 흐름 속에서 구성원들은 더 넓은 세상으로 향할 자신감을 얻고, 한층 큰 성장을 향해 나아가게 된다.

진정성과 유연성 사이
리더가 가야 할 올바른 길

리더라면 누구나 '진정성'과 '유연성'을 동시에 추구하고자 노력해야 한다. 하지만 이 두 가지 덕목의 균형을 맞추기란 쉽지 않다. 나는 지금까지 리더십 강의를 해오면서 자기 속내를 솔직하게 드러내는 진정성 있는 리더가 신뢰를 얻고 직원들과도 원활하게 소통할 수 있다고 믿었다. 그런데 함께 프레젠테이션을 준비하는 강사는 다른 입장이었다.

"이제는 시대가 변했습니다. 내 생각과 마음을 다 드러내면 전략 없는 사람 취급당하는 세상이에요. 대상과 상황에 따라 다른 페르소나를 장착해야 합니다."

그의 말을 듣고 나니 '어쩌면 그동안 내가 너무 이상적인 이야기만 해왔던 것이 아닐까?' 하는 물음을 갖게 됐다. 올바른 리더라면 진정성을 지켜야 하는 것이 맞지만, 그렇다고 해서 모든 것을 있는 그대로 드러내는 것이 과연 조직을 위해 올바른 행위인지에 대한 고민이 깊어졌다.

리더에게 진정성이란 단순히 솔직하게 모든 것을 드러내는 것이 아니다. 그보다는 핵심 가치를 잃지 않으면서도 상대가 받아들일 수 있도록 전달하는 방식에 가깝다. 즉, 진정한 리더는 자기

다움을 유지하되 상황에 맞게 표현할 줄 아는 유연성을 가진 사람이다. 그래서 조직 내부에서는 신뢰를 쌓기 위해 솔직함이 전제돼야 하지만, 소통과 협상을 위해서는 전략적인 태도도 필요하다. 다시 말해 진정성과 유연성 사이에서 균형을 찾는 게 현실적인 리더십이다. 상대의 마음을 움직일 수 있는 진정성을 유지하면서도 관계 속에서 가장 효과적인 소통 방식을 찾는 유연성이 있어야 진정한 리더로서의 격을 갖췄다고 할 수 있다.

이런 균형 잡힌 리더십을 발휘하기 위해서는 나 자신을 숨겨서도 안 되고 그렇다고 완전히 노출해서도 안 된다. '투명한 벽'을 쌓아야 한다. 자신이 지향하는 핵심 가치를 잃지 않으면서도 상대가 받아들일 수 있도록 조율할 수 있는 투명한 벽을 만든다면 진정성 있는 리더십과 전략적 소통이 공존할 수 있다.

정체와 퇴보가 없는
성장 리더십의 조건

건설회사 임원들을 대상으로 합창 강의를 한 적이 있다. 사실 대형 강연보다 더 어려운 게 소수를 위한 강연이다. 게다가 일방적인 강의가 아닌 합창 강의는 각기 다른 취향과 음악적 능력을 가진 사람들을 대상으로 하기에 더욱 어렵다. 그날도 시작부터 분위기가 좋지 않았다. 강연장에 도착해 악기 세팅을 하던 중 이런 말이 들려왔다.

"이 교육은 대체 누가 기획한 거야? 학교 다닐 때 음악 시간을 제일 싫어했던 사람한테 합창 교육이라니…."

그 순간 내 몸이 뻣뻣해졌다. 그 임원의 목소리에 짜증이 묻어 있어서 그냥 유머로만 넘길 수도 없었다. 무엇보다 한 임원의 부정적인 말이 강연 참석자 전체에게 큰 영향을 미칠 수도 있는 상황이었다. 다른 임원들도 동조하기 시작하면 시작도 하기 전에 의욕이 확 꺾여서 준비한 내용을 제대로 보여주지도 못하고 긴장한 채 버벅거리다가 강의가 끝날 수도 있다. 내심 걱정이 많이 됐지만 내색하지 않고 차분히 준비한 강의를 시작했다.

질문을 멈추지 않는 리더는 성장도 멈추지 않는다

"음악가들은 세상을 볼 때 종종 음악을 하며 배운 방식으로 이해합니다. 제게는 합창이 그랬죠. 사실 저는 인간관계에 서툰 편이었습니다. 그래서 사회에 나온 후 이런저런 갈등을 겪게 됐고, 그 과정에서 저의 부족한 인간관계 기술이 무엇인지 깨닫게 됐어요. 그리고 놀랍게도 '합창'이라는 걸 통해서 인간관계 기술을 완성해갔습니다."

"그 기술이 무엇이었나요?"

내 말이 끝나자마자 한 임원이 바로 질문을 해왔다. 궁금한 것이 생겼다는 것은 아주 좋은 신호였다. 그래서 나는 본격적인 합창 연습에 들어가기 전에 합창이 공동체 생활을 이해하는 데 얼마나 도움이 되는지 설명했다.

"합창을 하려면 먼저 내 목소리를 제대로 들려줘야 합니다. 물론 쉽지 않은 일이지요. 특히 여기 계신 임원분들은 더더욱 자신의 부족한 점을 선뜻 드러내기 어려우실 겁니다. '내 소리가 너무 튀면 어쩌지?', '나는 음치인데 나 때문에 화음이 깨지면 어쩌지?', 이런 식으로 자신 때문에 하모니가 깨질까 봐 두려워하는 거죠. 그래서 처음엔 다들 소리를 소극적으로 내며 주변을 살피곤 합니다."

내 경험을 토대로 이야기를 풀어가니 임원들이 어느새 몰입하기 시작했다. 합창은 몇 명에 의존해서 소리를 만드는 게 아니다. 모두가 소리를 내는 가운데 그 소리를 조화롭게 만들어내는 것이기에 더 매력적이다. 실력이 부족하면 잘하는 사람에게 도움을 받고, 잘하면 주변 사람들을 리드하면서 도움을 줘야 한다. 이렇게 자신의 부족함을 인정하고 도움을 받는 사람은 성과가 좋을 수밖에 없다. 주변에서 부족함을 채워주는 사람이 있으니 말이다.

그날 합창 강연이 무사히 끝난 후 몇몇 임원이 내게 다가와 합창 연습을 하며 리더십의 아주 중요한 덕목을 배웠다면서 감사 인사를 건네왔다. 초반의 분위기와는 전혀 다른 결과가 나온 것 같아 더없이 기쁘고 뿌듯했다. 무엇보다 나도 그들로부터 한 가지를 배웠다. 성장하는 리더는 언제 어디서건 배울 점을 찾고 자신의 일과 삶에 실천해나가고자 노력한다는 점이다.

그동안 나는 리더십 교육 현장에서 다양한 분야의 리더들을 만났다. 각기 다른 분야에서 최고의 자리에 있는 리더들을 만나 대화를 나눠보면 대부분 호기심이 강했다. 또한 자신의 분야와 현실에 안주하거나 갇혀 있지 않고 끊임없이 질문을 던지며 새로운 영감을 얻기 위해 노력했다. 이처럼 나와 무관한 분야의 전문가들에게도 배울 점을 찾으면서 사고의 영역을 확장하는 리더는 분명 조직에 새로운 활기를 불어넣고 구성원들의 창의적 발상을 이끌어낼 수 있을 것이다.

끊임없이 성장하는
리더들의 공통점

한곳에 고인 물은 썩기 마련이다. 우리 삶, 사회, 조직 등 모든 영역에 적용되는 진리다. 변화와 움직임이 없으면 활력을 잃고, 배움과 성장을 멈추면 사고가 경직되고, 소통이 끊긴 관계는 멀어진다. 그러므로 지속적인 혁신과 자기계발은 리더의 의무이며, 이것이 없는 리더가 이끄는 조직은 혁신이 사라져 결국 도태될 수밖에 없다.

그렇다면 급변하는 경영 환경 속에서 정체되거나 퇴보하지 않으면서 점점 더 새롭게 진화하는 리더들은 어떤 덕목을 갖고 있을까? 그동안 내가 만나온 리더들 속에서 공통점을 몇 가지 발견했다.

첫째, 성장하는 리더는 끊임없이 자신을 돌아보고 반성하는 자세를 갖는다. 자신이 어떤 상황에서 잘했는지, 어떤 점을 개선해야 할지 진지하게 고민하고 이를 바탕으로 나아지려고 노력한다. 자기성찰은 자신의 강점을 강화하고 약점을 개선할 수 있는 매우 훌륭한 도구다. 이는 '메타인지(metacognition)' 개념과도 깊이 연결돼 있다. 메타인지는 일찍이 1970년대에 발달심리학자 존 플라벨(John Flavell)이 창안한 용어로, "나 자신을 객관적으로 바라보고 판단하는 능력"을 말한다. 남이 지시하기 전에 스스로 자기 생각을 판단하고 검증하는 힘이다. 나 자신을 객관적으로 알고 있을 때 자기성찰은 정확한 상황 판단과 올바른 결정으로 이어지게 된다.

둘째, 성장하는 리더는 언제나 배움에 대한 열린 마음을 유지한다. 정체돼 있지 않으려고 노력하면서 빠르게 변화하는 최신 정보와 기술을 습득하고자 한다. 또한 다양한 사람들로부터 배우면서 자신의 실수나 실패를 학습의 기회로 삼고 있으며, 언제 어디서나 배울 자세가 돼 있다는 겸손한 태도로 자신과 팀을 발전시켜나간다. 사실 리더의 자리에 있으면서 늘 배움의 자세를 갖기란 결코 쉬운 일이 아니다. 그럼에도 불구하고 타인의 피드백을 기꺼이 받아들이고 이를 발전의 기회로 삼는 리더는 지속적인 성장을 견인해나갈 수밖에 없다.

셋째, 성장하는 리더는 끊임없이 도전한다. 당장의 목표 달성에 안주하지 않으며 언제나 '그다음'을 염두에 두고 새로운 목표를 설정한다. 이런 리더십은 실패를 두려워하지 않는 긍정적이고 진취적인 태도에 기인한다. 그들에게 진짜 실패란 도중에 '포기'하는 것뿐이다. 끊임없이 도전해나가면서 겪는 실패와 좌절은 '과정'의 일부분이라고 생각하기에, 아무리 어려운 상황이더라도 포기하지 않고 다시 새로운 방법을 모색한다. 이런 회복탄력성은 성장형 리더라면 누구나 갖고 있는 공통점이다.

넷째, 성장하는 리더는 '사람' 중심의 리더십을 지향한다. 팀원 개개인의 성장과 발전에 관심을 두고 그들의 의견을 존중하며 함께 이끌어나가려고 노력한다. 팀원들이 스스로 발전할 수 있도록 도우면서 그들이 성장할 수 있는 환경을 만들어준다. 팀의 성장에 매우 중요한 요소인 사람 중심 리더십을 펼치는 리더는 자기 성과에 자만하지 않고 항상 겸손한 자세를 유지하기 때문에, 다른 사람들의 의견을 경청하는 과정에서 영감을 얻어 새로운 성장의 기회를 찾아내기도 한다.

　　성장 지향 리더십은 리더 개인의 성과는 물론 조직과 팀의 장
기적 성공에도 큰 영향을 미친다. 팀원들이 리더를 존경하게 되
면서 업무 효율도 자연스럽게 높아진다. 단기 성과에만 집착하지
않고 장기적 비전으로 팀을 이끌려면 성장 지향 리더십이 반드시
필요하다. 성장하는 리더는 큰 그림을 보고, 전략적 목표를 세우
며, 비전이 뚜렷하다. 그러면 팀원들도 그 비전에 공감하며 열정
적으로 목표를 향해 나아갈 수 있다.

조직을 리셋하는
초심의 리더십

전세계 어느 도시를 가도 만날 수 있는 커피숍은 단연 '스타벅스(Starbucks)'다. 20대 청년 세 명이 의기투합해서 시작한 작은 커피숍이 현재는 매장만 4만 개에 이른다. 하지만 모든 기업이 그렇듯 스타벅스도 끊임없이 위기를 겪고 있으며 부단한 노력으로 극복해나가고 있다. 스타벅스 CEO 하워드 슐츠(Howard Schultz)가 위기를 극복한 방법 중 하나는 '초심'을 되찾는 일이었다.

2007년 스타벅스는 주가가 폭락하면서 경영상 최대 위기와 마주했다. 미국 소비자 전문 매체 〈컨슈머리포트(Consumer Reports)〉의 블라인드 시음 테스트에서도 스타벅스 커피와 맥도날드(McDonald's) 커피를 맛본 평가자들이 맥도날드를 선택했다는 결과가 보도되자 스타벅스 주가가 42퍼센트 폭락했다. 맥도날드가 이런 절호의 기회를 놓칠 리 없었다. 이듬해 맥도날드는 '맥카페(McCafé)' 메뉴를 론칭하면서 스타벅스를 겨냥해 "4달러짜리 커피를 마시는 것은 바보짓(Four bucks is dumb)"이라는 광고 캠페인까지 펼쳤다.

이에 하워드 슐츠는 초유의 결단을 내린다. 2008년 2월 26일, 미국 전역 7,000개 매장의 영업을 중단했다. 그러고는 바리스타들에게 에스프레소 추출법과 서비스 개선을 재교육했다. 이날의 결정으로 스타벅스는 600만 달러의 매출을 포기해야 했지만, 모든 스타벅스 직원에게 "초심으로 돌아가라"는 메시지를 보낸 하워드 슐츠의 노력은 결국 통했다. 이후 스타벅스는 창사 이래 최고 매출을 기록하며 화려하게 재기했다.

초심을 잃으면 신뢰도 잃는다

조직이 몸집을 불리고 점점 더 커질수록 리더는 조직의 정체성을 지키기 힘들어진다. 구성원 수가 늘어나고 이익 규모가 늘면 늘수록 관리해야 할 것들이 많아지고 그만큼 책임감도 높아지면서 목표지향적 경영에만 집중하기 십상이다. 그 과정에서 정작 '나'와 내가 목표했던 '초심'에 소홀해지기 쉽다. 그렇더라도 조직 내에서 직급이 올라갈수록 초심을 지키기 위한 노력을 게을리해서는 안 된다. 초심은 리더십에서 매우 중요한 가치로, 개인의 성장뿐 아니라 팀과 조직의 성공에도 큰 영향을 미치기 때문이다.

초심을 잃지 않는 리더가 이끄는 조직에서 팀원들은 리더의 일관된 가치를 신뢰하고 그 바탕 위에서 안정적인 관계를 만들어간다. 신뢰는 리더가 갖춰야 할 핵심 요소 중 하나인데, 초심을 지키는 것이야말로 조직 내 신뢰를 쌓는 데 가장 중요한 역할을 한다.

그뿐만 아니라 초심을 지키면 조직과 팀이 처음 설정했던 비전과 목표를 향해 흔들림 없이 나아갈 수 있다. 초심을 지키는 리더는 어떤 상황에서든 조직이 어디로 가야 하는지, 그 목표가 무엇인지를 명확히 제시하며 팀을 이끈다.

리더의 열정과 진정성이 팀원들에게 자연스럽게 전달되면 그들은 리더가 처음의 열정과 목표를 잃지 않고 일관되게 행동하는 모습을 보며 신뢰와 존경을 느낀다. 나아가 자신들도 같은 목표를 향해 더욱 열정적으로 일하게 된다. 조직의 사기와 동기부여에도 긍정적인 영향을 미쳐서 같은 목표를 가진 강력한 팀워크가 형성된다.

반대로 리더가 초심과 방향을 잃은 채 속도만 높이면 어떤 상황이 펼쳐질까? 흔들리는 리더 안에서 굳건한 팀워크는 만들어질 수 없다. 외부의 혼란이나 갈등을 피하지 못하고 심각한 리스크에 직면해 쉽게 방향을 잃고 급변하는 환경에 휘둘리게 된다.

그러므로 리더는 새로운 상황이나 예기치 못한 위기에 직면했을 때 초심을 기반으로 한 일관된 사고방식과 대응 방식을 유지할 수 있어야 한다. 그래야 본질을 잃지 않으면서도 변화에 적응할 능력을 발휘할 수 있다.

익은 벼가 고개를 숙이듯
잘나갈수록 본질에 집중한다

리더는 그저 조직을 이끄는 사람이 아니다. 팀원들에게 모범을 보여서 롤모델이 돼야 한다. 초심을 잃지 않은 리더만이 가능한 일이다. 리더가 초심을 지키며 정체성을 유지하는 것은 단순히 개인의 원칙을 넘어 팀과 조직 전체의 성과와 안정을 가져오는 중요한 가치다.

자신의 정체성을 잃지 않는 리더는 조직의 비전과 가치를 일관되게 전달하고 팀원들과 신뢰를 쌓는다. 변화무쌍한 환경 속에서도 흔들리지 않는 리더십을 발휘할 수 있다. 무엇보다 팀원들에게 자신이 처음 가졌던 열정과 신념을 잃지 않고 어떤 상황에서도 자신의 가치를 지킬 수 있는 중요한 교훈을 제공한다.

최근에 SK그룹이 큰 주목을 받고 있다. 특히 AI 시대를 한발 앞서 준비한 SK하이닉스는 놀라운 성장에 힘입어 우리나라 최고의 수출 기업이자 세계적인 반도체 기업으로 발돋움했다. 그런데도 최태원 회장은 경영전략 회의에서 경영진에게 '기본'과 '신뢰'를 강조했다. 초심을 기억하고 경영의 기본기에 집중하자는 의미로, 이해관계자의 신뢰를 회복해 본원적 경쟁력을 강화하기 위한 전략이다. 나아가 지속적인 가치를 창출하고 사회의 신뢰를 얻는 가장 확실한 방법이기도 하다.

잘 익은 벼가 고개를 숙이듯 사람이든 기업이든 잘나갈수록 겸손하게 초심을 찾으려는 노력을 멈추지 말아야 한다. 위기는 예고 없이 찾아온다. 진정한 리더라면 모두가 환호하고 자축할 때 가장 먼저 초심을 되찾아 조직을 재정비해야 한다.

리더가 갖춰야 할
'템포'에 관하여

오늘날 우리는 같은 방향을 향해 전속력으로 달리기를 해야 하는 삶을 강요받고 있다. 조직에서도 마찬가지다. 구성원들은 리더가 가리키는 방향을 향해 자기가 가진 역량을 최대한 발휘해 내달려야 한다. 그러나 모두가 같은 속도로 한 방향으로 달릴 수는 없을뿐더러, 변화무쌍한 경영 환경에서는 그래서도 안 된다. 누군가는 조금 다른 관점과 템포로 견제해야 할 필요가 있다. 그리고 이런 역할을 하는 구성원과 함께하기 위해서는 그의 말에 귀를 기울이며 마음을 헤아리려는 노력이 필요하다.

오케스트라 연주에서 지휘자와 연주자가 서로의 템포를 살피고 맞춰주는 행위도 이와 같다. 지휘자는 자신이 내키는 대로 먼저 달려나가지 않고, 모두의 소리를 경청하며 함께 호흡을 맞춰 나간다. 만약 지휘자가 연주자들과 함께 호흡하며 조화로움 속에서 다양성을 추구하지 않는다면, 그 음악은 관객과의 소통에도 실패한다. 지휘자는 연주자 개개인의 능력과 개성을 믿고 그들의 템포에 맞는 소통을 해야 아름다운 하모니를 이끌어낼 수 있다.

모든 사람이 지휘자처럼 정확한 템포를 익히고 살 수는 없다. 하지만 감정보다 감성을 발휘해 다른 사람을 대한다면, 조금이나마 상대의 마음을 헤아릴 수 있게 될 것이다. 그러면 속도와 박자를 맞춰가는 여유도 생긴다. 이에 더해 가끔은 내 템포가 어떤지 돌아볼 필요도 있다. 너무 빠르거나 너무 느리다면 주변과 조율하려는 노력을 해보고, 누군가 템포가 나와 다르다면 열린 마음으로 받아들이는 여유도 가져보자.

상황에 따라 변화를 주는
템포 리더십

18세기 독일의 작곡가이자 음악 이론가 요한 마테존(Johann Mattheson)은 음악에서 템포와 감정의 관계를 깊게 탐구한 인물이었다. 마테존은 "템포는 단순히 곡의 속도를 결정하는 게 아니라,

음악의 정서를 전달하고 청중에게 곡의 본질을 경험하게 하는 중요한 도구"라고 설명했다. 그는 음악적 템포를 통해 고통, 희망, 사랑, 열정 등 다양한 감정을 표현할 수 있다고 강조했는데, 이런 통찰은 리더십에도 깊은 깨달음을 준다. 리더는 조직이나 공동체의 상황에 맞게 템포를 조율하면서 팀의 정서와 흐름을 이끄는 지휘자이기 때문이다.

마테존이 언급한 템포와 그에 담긴 감정을 풀어보면 리더가 상황에 따라 어떻게 감정적 흐름을 조율해야 하는지 그 힌트를 얻을 수 있다. '아다지오'는 느리고 무겁게 흐르는 템포로, 고통과 슬픔을 표현한다. 음악에서 아다지오는 비애와 고통을 천천히 풀어내면서 청중에게 깊은 울림을 준다. 리더십에서도 천천히, 그러나 깊이 스며드는 아다지오 템포가 필요하다. 조직이 위기에 처하거나 팀원이 고통을 겪고 있을 때 리더는 빠르게 문제를 해결하려는 성급함보다는 차분하게 상황을 받아들이고 공감하는 자세를 보여야 한다. 이런 템포를 통해 구성원의 아픔에 진정으로 다가가고 함께 고통을 나눌 때 팀의 신뢰와 안정감이 높아진다. 고통의 순간 리더가 보여주는 인내와 공감은 조직을 다시 일으키는 토대가 될 것이다.

'안단테'는 희망과 안정감을 상징하는 부드럽고 꾸준한 템포다. 느리지도 빠르지도 않은 균형 잡힌 흐름을 유지하면서 앞으로 나아갈 수 있다는 희망을 전달한다. 리더십에서 안단테는 팀이 변화 과정에 있을 때 적용하면 좋다. 리더는 팀원들에게 과도한 속도감을 주지 않으면서도 목표를 향해 차근차근 나아갈 수 있도록 방향을 제시해야 한다. 조직의 안단테 리더는 상황을 냉철하게 파악하면서도 구성원들이 안정감을 느낄 수 있는 환경을 조성하며, 목표를 향한 작은 성취를 통해 희망을 키워나가는 역할을 한다.

'알레그로'는 빠르고 활기찬 템포로, 에너지와 생동감을 전달한다. 청중이 기쁨과 활력을 느끼도록 해주면서 긍정적인 분위기를 이끌어낸다. 리더십에서 알레그로는 조직의 분위기를 돋우고 구성원들에게 새로운 에너지를 불어넣는 데 필요하다. 유머와 긍정적인 자세를 통해 팀의 사기를 높이는 것도 때로는 중요하기 때문이다. 알레그로 리더는 구성원들이 서로의 강점을 발견하고 그 에너지를 조직의 성장으로 연결하도록 돕는다. 하지만 알레그로가 지나치게 이어지면 피로감을 유발할 수 있으므로, 적절한 순간에 여유를 주며 에너지의 흐름을 조율해야 한다.

'프레스토'는 열정과 긴급함을 표현하는 매우 빠른 템포다. 곡의 절정을 드라마틱하게 이끌면서 청중에게 강렬한 인상을 남긴다. 리더십에서 프레스토는 위기 상황이나 혁신이 필요한 순간에 요구된다. 팀원들에게 명확한 목표를 제시하고 빠르고 결단력 있게 행동하며 변화를 이끌어야 할 때 유용한 리더십이다. 프레스토 리더는 구성원들이 열정을 발휘할 수 있는 환경을 조성하며, 팀 전체가 하나로 뭉쳐 목표를 달성할 수 있도록 돕는다. 그러나 프레스토 역시 지나치게 지속되면 장기적 관점에서 팀에 부담을 줄 수 있다. 리더는 프레스토의 강렬함과 다른 템포의 균형을 유지하면서 구성원들이 과부하를 느끼지 않도록 해야 한다.

리더십은
템포를 조율하는 예술이다

마테존이 말하는 템포는 단순한 속도가 아니다. 음악의 정서를 전달하는 매개체 역할이다. 템포는 리더십에 그대로 적용되는 보편적 진리를 담고 있다. 리더는 지휘자가 음표와 음표 사이의 시간을 다루듯이 팀과 조직의 정서적 흐름을 조율하는 역할을 맡고 있으며, 상황에 따라 템포를 유연하게 조율하면서 조직의 정서를 이끄는 중요한 역할을 맡는다.

훌륭한 리더가 조직을 잘 이끌어가기 위해서도 템포 조절은 필수다. 사실 리더십은 템포를 조율하는 예술이라고 해도 과언이 아니다. 조직의 현재와 미래 그리고 구성원들의 역량과 성향에 맞게 리더십의 템포를 조절해야 한다. 리더는 템포를 통해 팀의 감정을 이해하고, 상황에 적합한 흐름을 만들어내며, 조직과 공동체를 더 큰 조화로 이끌어가야 한다. 때로는 아다지오의 느림 속에서 고통에 공감하고, 때로는 알레그로의 활기 속에서 에너지를 북돋우며, 안단테의 균형과 프레스토의 열정 속에서 팀을 이끌어야 한다.

일뿐만 아니라 일상의 삶에서도 상대의 템포를 맞춰주는 노력이 여러모로 중요하다. 가족, 친구, 동료 등 우리 삶의 소중한 관계를 오래도록 유지하기 위해서는 반드시 템포를 조율해야 한다. 그들의 성취가 내가 기대하는 바에 미치지 못하면 기다려주고, 소통의 방법이 다르면 이해해주는 열린 마음을 가질 필요가 있다.

템포를 조율하기 위해서는 상대방의 말에 귀를 기울여야 한다.

"상대가 비록 불쾌한 말을 하더라도 오히려 적극적으로 그 이야기를 들어줘서 조금이라도 상대의 의견을 존중하는 태도를 가져라. 그러면 상대도 당신의 의견을 존중하게 된다."

벤저민 프랭클린(Benjamin Franklin)의 말이다. 이처럼 다른 사람의 이야기를 적극적으로 들어주는 것도 템포를 맞추는 과정이다. 상대방이 내게 먼저 그렇게 해주기를 바라지 말고, 내가 먼저 그렇게 하는 게 템포를 조율하는 가장 바람직한 방법이다.

AI 시대에
감성 리더십이 중요한 이유

오늘날 사람들이 음악을 접하는 방식은 극적으로 바뀌었다. 손끝 하나로 전세계 음악을 감상할 수 있고, SNS나 유튜브를 통해 다양한 음악가들의 공연도 관람할 수 있는 시대다. 과거에는 공연장에서만 볼 수 있었던 거장들의 연주회도 어디서든 감상할 수 있다.

이런 변화와 더불어 음악가들도 전통적인 형태의 공연이나 클래식 음악만으로는 더 이상 관객을 사로잡기 어려워졌다. 이런 변화 속에서 지휘자는 어떻게 해야 관객의 마음을 사로잡을 수 있을까?

단순한 리더를 넘어 무대에서 살아 숨 쉬는 에너지를 전달하는 존재가 돼야 한다. 관객들에게 다가가기 위해서는 더욱 다이내믹하고 생동감 있는 리더십을 발휘해야 하며, 그 과정에서 음악의 본질적인 감동을 청중과 나누는 게 핵심이다. 음악을 통해 청중과 교감하고 그 감정의 깊이를 더해 청중의 가슴에 깊은 울림을 남기는 것이 지휘자의 사명이다.

더 중요한 것은 지휘자와 단원들이 음악이 제공하는 역동성을 온몸으로 표현해야 한다는 점이다. 소리뿐만 아니라 몸짓과 움직임에서 오는 풍부한 감정을 함께 전달해야 한다. 음악의 강약과 흐름을 몸 전체로 표현함으로써 청중은 그 순간에 더욱 몰입하고 진정한 감동을 느낄 수 있다. 지휘자의 손끝 하나 몸짓 하나가 음표 하나하나에 생명력을 불어넣고, 청중에게 에너지가 그대로 전달되면서 음악은 살아 숨 쉬는 존재가 된다.

이처럼 시대의 변화에 따라 지휘자에게 요구되는 역량이 다르듯이, AI 시대에 리더가 가져야 할 고민과 역할도 많은 부분에서 이미 달라졌다. 특히 소통이 강조되면서 리더의 공감 능력이 점점 더 중요해지고 있다.

감성 없는 리더는
살아남을 수 없다

AI는 이미 우리 삶 곳곳에서 중요한 역할을 하고 있다. 아침에 스마트폰 알람으로 눈을 뜨고, 추천 알고리즘이 보여주는 콘텐츠를 소비하고, AI 번역기로 외국어 문서를 읽는 일상. 이제는 이 모든 것이 전혀 낯설지 않다. 반복되는 단순 업무에서부터 치밀한 계산이 필요한 전문 직군은 물론, 인간 고유의 영역으로 여겨온 예술 분야로까지 인공지능이 진출하고 있다. AI가 그림을 그리고, 음악을 작곡하며, 소설까지 쓴다. 빠른 속도로 AI가 인간의 재능과 일자리를 대체하는 지금, 결코 대체될 수 없는 리더가 되기 위한 핵심 역량 또한 달라졌다.

기업은 인사관리 시스템 전반의 혁신을 요구받고 있다. 이 같은 환경 변화 속에서 기존 리더십 모델은 한계에 맞닥뜨렸고, 기술을 이해하되 사람을 중심에 둔 새로운 리더십이 대안으로 떠올랐다. 좀 더 구체적으로 말하면 구성원 사이의 신뢰와 소통을 통한 가치 공유 역량이 미래 리더의 핵심 역량이 됐다.

미래학자 버나드 마르(Bernard Marr)는 AI 시대에 필요한 핵심 리더십 역량으로 '감성 지능'과 '겸손' 그리고 '신뢰성'을 꼽았다. 그가 제시한 세 가지 역량 모두 '감성'에 뿌리를 두고 있다. 감성은 인공지능이 대체할 수 없는 영역이다. 조직을 하나로 뭉치게 하는 공감 리더십이 필요하다.

지휘자가 다이내믹한 음악적 경험을 관객에게 선사하듯이, 조직의 리더는 자신만의 감성 지능을 활용해 팀원들과 적극적으로 소통하고 피드백을 주고받아야 한다. 팀원에 대한 이해와 존중을 통해 상황에 맞는 맞춤형 리더십을 제공하는 일은 AI가 절대로 할 수 없는 차원의 영역이다. 리더의 감성에 기반한 소통은 조직 내 자유로운 토론과 피드백 문화를 만들어내서 직원들에게 주인의식과 강한 실행력을 갖게 해준다.

요즘처럼 모든 기술이 고도로 기능화되고 소통 방식이 다양해진 세상에서는 서로의 이야기를 듣고, 느끼고, 공감할 줄 아는 감성 능력이 더욱 절실하다. 감성은 단순히 감정 표현을 넘어 타인의 마음을 이해하고 공감할 수 있는 능력인 동시에 인간을 가장 인간답게 만드는 매우 중요한 요소다.

구성원의 마음을 읽어낼 수 있는 감성을 가진 리더는 업무 지시자가 아니라 이끌림을 가진 존재가 된다. 팀원들의 입장에서 생각하고 행동하기 때문에 자연스럽게 신뢰를 구축할 수 있으며, 더 긍정적이고 협력적인 조직 문화를 만들 수 있다. 공감할 줄 아는 리더는 어떠한 상황에서도 대체 불가능한 리더로 존재할 수 있다.

음악이 고정된 틀이 아니라 살아 숨 쉬는 예술임을 보여줄 때 관객들이 새로운 감동과 영감을 얻는 것처럼, 조직의 리더 역시 한 방향이 아닌 양방향에서 함께 공감하는 리더십을 보여줄 때 더 바람직한 결과를 이끌어낼 수 있다.

마음과 마음을 잇는
공감의 다리

합창 지휘자이자 강연가로 활동하면서 매번 느끼는 부분이 있다. 지휘자와 강연가는 전혀 다른 직업 같지만, 사실 놀라운 공통점이 있다. 두 직업 모두 기술과 지식을 전달하는 것을 넘어 상대의 마음을 움직이는 '공감'의 전달자라는 점이다. 공감은 일방적인 전달이 아니다. 서로의 마음이 만나고 감정이 울림을 만들어내는 상호작용이다. 강사가 자신의 메시지에 진심을 담아 전할 때 청중은 그 진심을 느끼고 마음을 열고, 지휘자가 음악의 감정을 온몸으로 표현할 때 단원들은 그 감정에 공명하면서 더 깊은 음악을 만들어낸다. 이런 공감의 순간들이 모여 진정한 소통이 이뤄진다.

지휘자를 그냥 박자 맞추는 사람이라고 생각하는 이들이 많다. 하지만 진짜 지휘자는 음악의 감정을 단원들에게 전달하고, 그들의 최대 역량을 이끌어내는 사람이다. 단원들이 각자의 마음으로 음악을 느끼고, 그 감정을 하나의 소리로 모아낼 수 있도록 안내하는 것, 그것이 지휘자의 진짜 역할이다. 지휘자는 명령하지 않고 공감하며, 통제하지 않고 연결한다.

조직의 리더도 그렇다. 리더의 역할도 그 본질은 공감에 있다. 조직 내에서 리더 혼자 강하게 주장을 펴면 공동체는 수동적일 수밖에 없다. 리더의 독선과 아집이 장악한 조직은 민주적인 문화가 약화하면서 점차 도태된다. 모두가 자기 하고 싶은 말만 하는 조직 또한 나아갈 방향을 잃는다. 이말 저말에 이리저리 휩쓸리다 배가 산으로 가고 만다.

리더와 팀원들이 균형 잡힌 힘을 유지하는 게 중요한 이유가 바로 여기에 있다. 모두의 소리가 존중받되, 목적과 방향을 잃지 않고 '나'를 넘어 '우리'의 소중함에 공감하면서 모두가 참여하는 문화가 자리 잡는 것이 중요하다. 그렇게 되면 구성원 모두 주인의식 속에서 신바람 나게 일할 수 있다. 누가 시키지 않아도 흥에 겨워 저절로 화음을 맞추는 것처럼 말이다.

AI 시대가 가속화되면 될수록 오히려 지속가능한 경영의 핵심은 기술보다 사람과 문화가 될 것이다. AI가 인간의 일을 대체하는 비중이 커질수록 직원들의 신뢰와 참여 없이는 지속가능한 조직을 만들 수 없기 때문이다.

　기술이 고도화될수록 조직 내에서는 소외감과 신뢰 부족과 심리적 불안이 만연해진다. 직원들은 스스로 계속 묻게 된다. 'AI가 언제 내 일을 대체할까?', '데이터 기반 의사결정이 인간적 요소를 완전히 배제하는 건 아닐까?' 하는 불안감이 점점 커진다. 이런 시대에 리더는 무엇을 준비해야 할까? 바로 감성 리더십이다. 인간적인 소통을 강화하는 역량이야말로 리더에게 지금 가장 필요한 자질이다.

문제의 본질을 알아야
설득도 할 수 있다

나는 평소 연주회를 자주 다닌다. 직업 특성 때문이기도 하지만, 다양한 연주회에서 좋은 연주를 듣는 게 내 삶의 가장 큰 축복이기도 하다. 나는 독주회도 좋아한다. 프로와 아마추어를 막론하고 무대 장악력이 있는 독주를 최고로 친다. 한 사람이 악기 하나로 무대를 꽉 채우고 객석을 긴장시키면서 청중을 감동케 하는 그런 연주를 들으면 무척 행복하다.

그러나 합창이나 오케스트라에서는 한 사람의 장악력보다 모두가 의지할 수 있는 지휘자의 '예비박'이 무엇보다 중요하다. 예비박이 명확할 때 비로소 연주는 안정되고, 음악은 한 방향으로 흘러간다. 예비박은 말 그대로 박자를 예비하는 박자다. 예비박을 하기 위해서는 한 박자 안에 호흡을 같이하고 템포를 맞추면서 음악적 표현을 함께해야 한다. 즉, 연주자들이 미리 호흡하고 템포를 파악할 수 있게 해야 하며, 음악적 표현 역시 그 짧은 순간에 전달해야 한다. 그래서 예비박이 좋지 않은 지휘자는 음악의 전체적인 흐름을 이끌어가는 책임자로서 자질이 부족하다고 평가받는다. 이런 지휘자는 단원들에게서 신뢰를 받을 수 없다.

작곡자의 의도를 존중해 악보를 충실히 따르는 것은 기본이다. 하지만 그 위에 지휘자의 창의적 해석이 더해질 때 음악은 비로소 살아서 움직인다. 지휘자는 제2의 창조자로 저마다 음악 스타일이 조금씩 다르다. 그래서 자신의 음악적 취향과 의도에 따라 원작자의 악보 그대로가 아닌 자기 방식의 해석이 가미될 수 있다.

물론 그 해석이 너무 과하거나 너무 덜하면 곤란하다. 무엇보다 단원들과 교감하지 못한 상태에서 자기 혼자 전혀 다른 해석과 느낌으로 지휘를 하면 절대로 좋은 합창이나 연주를 이끌어낼 수 없다. 단원들은 지휘자의 미세한 손 움직임과 그가 공간을 활용하는 방식에 의해 곡의 흐름을 이해하기 때문이다. 정확한 질서와 체제 안에서 앙상블을 이루고, 그에 따라 연주자나 단원들이 정확하게 연주하고 노래하게 할 수 있어야 한다.

리더십은
설득에서 시작된다

지휘자의 역할은 팀의 리더 또는 조직의 관리자들이 하는 역할과 참 많이 닮았다. 리더는 조직이 어떤 비전과 미션을 지향하는지 구성원들과 공유한다. 이후 그것을 달성하기 위해 조직의 기본적인 시스템과 원칙을 마련하고 리더 자신과 구성원 각자가 해야 할 역할을 규정한다. 예비박이 좋지 않은 지휘자가 단원들에게 혼란을 주듯이, 조직을 지휘하는 리더가 각자의 역할을 혼동해서 잘못된 지침을 내리거나 의사결정을 명확히 하지 않으면 조직은 혼란에 빠질 수밖에 없다.

무엇보다 리더는 구성원들을 설득할 수 있는 강력한 논리력을 갖춰야 한다. 그래야 구성원들이 그의 지시를 부당하다고 여겨 반발하지 않고 최선을 다해 각자 맡은 바 업무를 충실히 하면서 창의적 협력으로까지 나아갈 수 있다. 지휘자도 똑같다. 합창단과 오케스트라 단원들에게도 리더의 논리적인 설득은 매우 중요한 덕목이다.

처음 외국 합창단의 리허설을 볼 때 깜짝 놀랐었다. 우리나라 합창단과 달리 그들은 지휘자가 이유 없이 같은 부분을 반복적으로 부르게 하면 수긍하지 않고 반발했다. 합창단만 그런 게 아니었다. 오케스트라 단원들도 이유 없는 반복을 무척 싫어했다. 지휘자가 구체적으로 설명하지 않고 "다시, 다시!"를 외치면 맹목적으로 따르기보다 뭐가 문제인지 알려달라고 요구했다. 반면 지휘자가 정확한 이유를 알려주면 수십 번도 마다하지 않고 반복적으로 연습했다.

지휘자가 어떤 파트 어느 부분이 문제인지 디테일한 설명 없이 반복 연습만 시키면 어떻게 될까? 문제가 해결되긴커녕 단원들의 반발만 커지게 된다. 결국 전체적인 음악적 완성도는 높아지지 않는다. 무조건 "다시!"만 외치는 지휘자는 스스로 어떤 부분이 문제인지 모르거나, 불친절하고 소통에 서툰 사람일 공산이 크다. 반대로 연주자나 합창단에게 구체적인 방법을 알려주면서 반복 연습을 유도하면, 단원들의 실력은 연습을 거듭할수록 좋아진다.

이유 없는 반복은 '독'이다. 반복은 지휘자가 곡을 세밀하게 다듬고 문제를 해결하는 중요한 과정이지만, 단원들이 이해하지 못하면 지겨운 과정일 뿐이다. 단원들은 지휘자가 무엇을 원하는지, 왜 그 부분을 다시 연습해야 하는지 이해할 때 비로소 오롯이 연주에 집중할 수 있다. 그리고 반복할 때는 그로 인한 효과를 적절히 피드백해줘야 한다. "이 파트는 아까보다 소리가 훨씬 더 잘 정돈됐습니다" 같은 피드백은 단원들에게 반복의 의미를 이해시키고 동기를 부여한다.

이처럼 지휘자도 단순히 반복을 지시하는 사람이 아니라 반복의 가치를 단원들에게 설득할 수 있는 리더여야 한다. 이때의 리더십은 지시를 내리는 것이 아니라 설득과 신뢰를 통해 단원들이 지휘자와 함께 움직이게 만드는 능력이다. 이는 음악뿐만 아니라 모든 조직의 리더십에도 해당한다.

영화감독 박찬욱이 이런 말을 한 적이 있다.

"정확하고 철저하게 추구하는 데서 아름다움이 나옵니다."

스태프들도 박 감독의 한결같은 정확성에 매번 놀란단다. 리더가 원하는 게 명확하고 연출이 정확하다 보니, 함께 일하는 스태프들로서는 좌고우면할 필요 없이 각자 맡은 역할에서 완성도를 높이는 데만 몰두하면 된다. 그 결과물은 당연히 박찬욱다운 아름다움으로 귀결된다. 리더십은 설득에서 시작된다는 사실을 모든 리더가 가슴에 새겨야 할 것이다.

문제의 본질을 명확히 알아야 진정한 리더다

리더는 단순히 조직을 이끄는 사람이 아니다. 구성원들과 함께 공동의 목표를 이루기 위해 나아가는 협력자이자 조직이 한 방향으로 집중할 수 있도록 길잡이 역할을 하는 사람이 리더다. 이 과정에서 자신이 현재 무엇을 하고 있는지, 왜 그것이 필요한지를 명확히 알고 구성원들을 설득할 수 있어야 한다. 그들이 각자의 개성을 잃지 않으면서도 공동의 목표 의식을 갖고 하나로 연결돼 있다는 유대감을 느끼도록 하는 것도 중요하다.

흩어진 개인이 아니라 각자 역할을 수행하면서 전체와의 어우러짐, 즉 팀워크를 위해 노력하는 개인이다. 리더는 그런 구성원들을 자신만의 스타일로 이끌어 멋진 결과를 만들어내야 한다. 지휘자의 소리를 만지는 역량에 따라 공명 있는 합창과 연주가 나오듯이, 리더가 어떻게 이끄느냐에 따라 화합하는 문화 속에서 성과를 내는 조직이 될 수 있다.

리더가 어떤 리더십을 발휘하느냐에 따라 구성원의 역량을 최대치로 끌어낼 수도 있고 퇴보시킬 수도 있다. 작든 크든 조직을 이끄는 사람이라면 문제가 발생했을 때 문제의 원인과 본질이 무엇인지 정확히 파악해야 한다. 문제가 왜 발생했는지조차 모르면서 제대로 된 해결책을 제시할 수는 없다.

잘못된 질문으로는 절대로 올바른 답을 도출할 수 없는 법이다. 리더는 문제의 본질을 명확히 파악하고 신속하고 정확하게 의사결정을 내려주는 것만으로도 구성원들의 신뢰를 받을 수 있고 혁신의 물꼬를 틀 수 있다.

세기의 마에스트로 헤르베르트 폰 카라얀(Herbert von Karajan)은 "지휘자는 단원들의 실수를 자신의 책임으로 받아들여야 한다"고 말했다. 문제를 통제의 대상이 아닌 책임의 영역으로 인식할 때, 리더십은 비로소 신뢰의 발판 위에 서게 된다.

멀리 보는 리더가
위기를 돌파한다

"경영의 즐거움 중 빼놓을 수 없는 것이, 약한 자들이 협력해서 강자를 이기고 평범한 사람들이 협력해서 비범한 결과를 내는 것이다. 그것을 가능케 하는 것이 바로 팀워크다. 팀워크는 공통된 비전을 향해 함께 일하는 능력이며 평범한 사람들이 비범한 결과를 이루도록 만드는 에너지원이다."

'강철왕'으로 잘 알려진 미국의 기업인 앤드루 카네기(Andrew Carnegie)의 말이다. 여러 구성원이 모여 기업이라는 공동체를 이끌어갈 때 팀워크만큼 중요한 게 있을까? 오래가고 존경받는 기업일수록 조직의 비전과 구성원들의 비전을 조율하고, 그것을 이루기 위한 단단한 팀워크를 발휘한다. 그렇다면 강력한 팀워크를 유지하기 위해 리더는 어떤 조건을 갖춰야 할까?

가장 중요한 조건은 눈앞의 이익이 아닌 장기적 성장과 팀원들의 성장을 이끄는 균형 잡힌 리더십이다. 조직을 이끌어가는 리더가 단기적인 성과에만 급급하면서 구성원을 몰아치기만 한다면 그 조직은 절대로 오래갈 수 없다. 개개인의 불안과 번아웃이 조직의 활력을 떨어뜨리고 지나친 경쟁으로 서로를 불신하게 될 것이다. 그래서 리더에게는 당장의 목표를 넘어 더 멀리 보는 선구안이 필요하며, 최종 목표를 향해 나가는 과정에서는 적절한 긴장과 완화의 리더십이 요구된다.

리더십에도
플러스와 마이너스가 필요하다

악보에서 빠르기를 나타내는 용어 중 '피우 모소(Più mosso)'와 '메노 모소(Meno mosso)'라는 것도 있다. 각각 "이전보다 더 빠르게", "이전보다 더 느리게"라는 말이다. '피우'는 '플러스(+)'와 같고, '모소'는 '약진하듯 움직이는 것'을 뜻한다. 따라서 '피우 모소'는 "약진하는 움직임을 더하라", 즉 "점점 더 빠르게 나아가라"는 의미다. 반면 '메노'는 '마이너스(−)'이므로 '메노 모소'는 "약진하기를 빼라", 즉 "점점 느리게 속도를 줄이라"는 뜻이 된다.

음악적 표현을 넘어 리더십의 역동성과도 관련이 있다. '피우 모소'와 '메노 모소'의 리더십이 필요한 이유는 무엇일까? 리더가 팀이나 조직을 이끌 때 자원, 에너지, 시간 등을 효과적으로 관리하고 팀의 성과와 분위기를 최적화하는 데 아주 유용하기 때문이다. 이 둘을 제대로 활용하는 리더는 팀을 성장시키고, 효율성을 높이며, 나아가 긍정적인 조직 문화를 만들어갈 수 있다.

'피우 모소'는 도전적이고 과감한 리더십으로 조직에 강한 추진력과 긴장감을 불어넣는 순간을 상징한다. 때때로 리더는 조직 내 업무 추진 속도를 높이거나 위기를 해결하기 위해 구성원들의 긴장감을 높이고 에너지를 집중시켜야 한다. 중요한 프로젝트나 목표를 달성하기 위해서는 특정 시기에 모든 구성원이 한마음으로 같은 방향을 향해 더욱 빠르고 힘차게 나아가야 한다. 그래서 '피우 모소'의 리더십이 중요하다. 이때 리더는 조직을 약진시키고자 구성원들에게 더 민첩한 대응을 요구할 수 있다. 더 큰 결실을 향해 달려갈 수 있도록 긍정적인 자원과 에너지를 더하면서 팀에 동기를 부여한다.

한편 '메노 모소'는 차분하게 속도를 줄이고 정리하는 리더십이다. 이때 '메노'는 마이너스라고 해서 후퇴가 아니라, 상황을 정리하고 한 걸음 물러서서 전체를 조망하는 과정이다. 때로는 속도만으로는 해결되지 않는 문제들도 있다. 이때 리더는 조직을 차분하게 조정하면서 성찰과 대화를 통해 새로운 방향성을 제시해야 한다. 이 과정은 조직이 지치지 않고 더 나은 길로 나아가게 하는 힘이다. 조직이나 팀 내 부정적인 요소를 제거함으로써 업무 효율성을 높일 수도 있으며, 팀원들이 중요한 일에만 집중할 수 있는 환경을 만들어줄 수도 있다.

이처럼 리더십도 더하기와 빼기의 절묘한 균형이 요구된다. 더하기의 리더십만 강조하면 팀원들이 지나치게 많은 기회와 도전 앞에서 과중한 업무와 부담으로 번아웃에 빠질 수 있다. 빼기의 리더십만 보이면 팀원들이 동기를 부여받지 못해 도전 기회 부족으로 성장이 멈춘다. 그렇기에 리더는 필요한 자원과 기회를 제때 투입하고, 동시에 불필요한 것들을 제거함으로써 팀의 성과와 구성원의 동기부여를 극대화하는 역할을 해야 한다. 이 두 가지를 잘 조화시키는 게 성공적인 리더십의 핵심이다.

리더란 때로는 강하게 몰아칠 줄도 알고 때로는 속도를 줄이며 성찰의 시간을 가질 줄도 알아야 한다. 속도를 적절히 조절할 줄 아는 리더는 조직의 성장을 자연스럽게 이끌며, 변화와 휴식을 적절히 배분하는 통찰력을 발휘한다. 리더십은 음악처럼 섬세하게 흐름을 조절하는 예술이다.

한발 물러서서 전체를 보면
다음 수가 생긴다

조직을 이끄는 리더에게는 직접 행동하는 것보다 객관적으로 바라보는 시각이 더 중요할 때가 있다. 바둑에서 훈수를 두는 사람이 직접 바둑을 두는 사람보다 수를 더 잘 보는 이유는, 멀리서 심리적 거리를 두고 전체 상황을 한눈에 내려다볼 수 있기 때문이다. 리더십에도 똑같이 적용할 수 있다.

리더로서의 역할이 언제나 모든 상황에 직접적으로 개입하는 것만을 의미하지는 않는다. 물론 적당한 타이밍을 놓치지 않고 제때 행동하는 것은 중요하고 필수적인 덕목이다. 리더는 비전을 제시해 방향을 이끌어가는 역할을 해야 하고, 그 비전을 실현하기 위해 직접 행동으로 모범을 보이며 팀원들에게 영감을 제공해야 한다. 하지만 때로는 한 걸음 물러서서 부분이 아닌 전체를 보는 것도 필요하다.

큰 그림을 볼 줄 아는 리더는 전략적 의사결정을 내릴 수 있다. 팀의 세부적인 상황이나 일시적인 문제에 휘둘리지 않고 조직의 장기적인 목표와 비전에 맞게 결정을 내린다. 이는 단기적 성과보다 지속가능한 성장과 발전에 집중하게 해준다. 공동체가 나아가야 할 방향을 명확히 파악하고, 각각의 구성원들이 어떤 역할을 수행해야 할지 정확히 판단할 수 있다.

리더가 모든 상황에 직접 개입하면 세부적인 문제에 매몰돼 전체 흐름을 놓치기 쉽다. 그러므로 마치 훈수를 두는 것처럼 전체적인 판을 보기 위해 한발 뒤로 물러서서 바라볼 필요가 있다. 이때 리더는 감정에 휘둘리지 않고 냉정하게 상황을 분석해야 한다. 옆에서 훈수를 두는 사람이 바둑 결과에 직접적인 영향을 미치지 않으면서 중요한 조언을 하는 것처럼, 리더도 상황을 한발 물러서서 객관적으로 관찰하면 필요한 지원을 더 효과적으로 제공할 수 있다.

거리를 두고 멀리 바라볼 줄 아는 리더는 미래의 불확실성과 위기를 예측하고 준비하는 능력도 탁월하다. 예기치 않은 어려움이나 변화에 대응할 수 있는 전략을 미리 세우고 이를 통해 위기를 기회로 바꿀 수 있다. 멀리 보는 리더는 리더십의 지속성도 보장한다. 단기적 성과에 집착하면 일시적인 성공에만 의존하게 되지만, 장기적 목표를 갖고 조직을 이끌면 더욱 강력하고 지속적인 영향을 미칠 수 있다.

지금 당장의 목표에 지나치게 쏠려 있다면 잠시 한 걸음만 물러서서보자. 객관적인 관점으로 조직을 바라보면 장단점이 더 명확히 보여서 목표 달성을 위한 효율적인 전략을 마련할 수 있다. 이런 리더십은 구성원들이 각자 역할을 충실히 수행하도록 적절한 피드백을 제공하는 데에도 도움이 될 것이다.

훌륭한 리더십은 객관적인 시각과 감정 관리에서 나온다. 바둑판에서 볼 수 있는 훈수의 지혜처럼 리더는 자신이 속한 공동체의 큰 그림을 볼 수 있어야 한다. 욕심을 버리고 정말 필요한 순간에만 개입할 수 있어야 한다. 이를 통해 구성원들은 스스로 성장하고 공동체는 더욱 건강하게 발전할 수 있다.

화를 다스리는
리더만의 품격

우리는 날마다 다양한 감정들을 마주하며 살아간다. 기쁨과 사랑 같은 따뜻한 감정으로만 하루가 가득하다면 참 좋겠으나 현실은 그렇지 않다. 화, 절망, 질투, 슬픔 같은 부정적인 감정도 불시에 찾아온다. 일반적으로 다 그렇지만, 특히 리더에게 감정은 더 큰 무게를 지닌다. 그중에서도 '화'는 리더십의 향방을 바꿔놓을 만큼 강력한 감정이다.

여기서 구분하고 넘어가야 할 중요한 사실이 있다. '화가 나는 것'과 '화를 내는 것'은 전혀 다르다는 점이다. '화가 나는 것'은 인간의 자연스러운 감정이지만, '화를 내는 것'은 감정을 통제하지 못한 행동이다. 이 차이를 분명히 인식할 수 있어야 한다.

화가 나는 것은 어쩔 수 없어도
화를 내는 것은 선택과 태도의 문제

화가 나는 것이 잘못은 아니다. 누구나 예기치 못한 상황에서 분노를 느낄 수 있다. 더욱이 리더라는 위치에 있으면 불합리한 상황, 기대와 어긋난 결과, 조직의 가치가 위협받는 순간이 더 많이 찾아온다. 그럴 때 분노가 일어나는 것은 어쩌면 당연한 일이다. 화는 인간이 세상을 대하는 본능적이고 정직한 반응이다.

중요한 것은 화라는 감정 자체가 아니라 그 감정을 어떻게 받아들이고 처리하느냐에 있다. 화는 때때로 문제를 해결하거나 개선하고자 하는 강력한 동인(動因)이 된다. 올바르게 다루면 팀을 앞으로 이끄는 건설적인 에너지로 전환되기도 한다. 그러나 잘못된 방식으로 화를 발산하면 그 부작용이 매우 크다. 리더라면 화가 날 때 감정을 잠시 억누르고 자신에게 질문할 수 있어야 한다.

"나는 지금 무엇 때문에 화가 났지?"

"어떤 가치나 기대가 무너져서 이런 감정이 드는 걸까?"

이 질문은 단순히 화를 다스리는 것을 넘어 리더로서 더 큰 성찰과 성장을 가능케 한다. 자신의 감정을 이해함으로써 감정에 휘둘리지 않는 것이다. 이것이 감정을 다스리는 첫걸음이다.

하지만 감정을 조절하지 못하고 화를 표출하는 순간 상황은 완전히 달라진다. 감정을 밖으로 폭발시키면 리더십은 통제력을 잃는다. 단순한 감정 표출이 아니라, 팀 전체를 위축시키고 신뢰로 쌓아온 관계를 한순간에 무너뜨릴 수 있다.

지휘자가 무대 위에서 박자를 놓치면 오케스트라 전체가 흔들리듯이, 리더의 분노는 조직의 리듬을 뒤흔든다. 단 한 번의 화도 오래도록 쌓아온 신뢰를 허물기에 충분하다. 팀원들은 리더의 감정 폭발 이후 위축되고, 솔직한 의견 개진을 주저하게 되며, 결국 조직의 소통은 막히게 된다.

감정과 행동 사이에 공간을 만든다

화가 나거나 불만이 가득한 상황에서 리더는 어떻게 해야 할까? 그 핵심은 감정을 인정하되 그다음 행동을 자신의 의지로 선택하는 데 있다. 화가 났다는 사실을 부정할 필요는 없다. 오히려 그 감정을 있는 그대로 인정하자. 나는 지금 화가 났고, 이것은 자연스러운 감정이라고 인정하면, 그 순간 역설적이게도 감정에 대한 통제력이 생긴다.

다음 단계는 감정과 행동 사이에 공간을 만드는 것이다. 화가 났다고 해서 즉시 그 감정을 표출할 필요는 없다. 심호흡하거나, 잠시 자리를 뜨거나, 딱 10초만 침묵해도 좋다. 이 짧은 시간이 충동적 반응과 의식적 선택을 가르는 결정적 순간으로 작용한다.

그러고 나서 문제 자체에 집중한다. 이 상황에서 내가 진짜 해결하고 싶은 것은 무엇인지, 화를 내는 게 그 목적을 달성하는 데 도움이 되는지 스스로에게 질문을 던지면, 대개의 경우 그 답은 '아니오'가 나온다. 감정 지능을 갖춘 리더는 화를 내는 대신 구체적으로 말한다.

"지금 솔직히 매우 실망스럽습니다. 왜냐하면 우리가 약속한 마감을 지키지 못했기 때문입니다. 이 일이 프로젝트 전체에 어떤 영향을 미치는지 함께 이야기해봅시다."

이렇게 말할 때 세 가지가 동시에 일어난다. 자신의 감정을 솔직하게 표현하고(억압하지 않는다), 구체적인 사실에 기반하며(감정적 비난이 아니다), 해결책을 함께 찾게 된다(일방적 질책이 아니다).

음악에서 지휘자가 루바토나 휴지기를 통해 흐름을 조절하는 것처럼, 리더 역시 감정을 드러낼지 절제할지를 선택할 수 있다. 이 판단 하나가 팀의 분위기와 흐름을 바꾼다.

감정의 근육을
단련하는 방법

물론 감정을 다스리는 능력이 하루아침에 생기진 않는다. 근육처럼 감정도 훈련이 필요하다. 다행히 작은 일상에서부터 연습할 수 있다. 커피가 쏟아졌을 때, 교통 체증에 갇혔을 때, 예상치 못한 일정 변경이 있을 때 등 사소한 순간들이 감정 근육을 키우는 훈련장이다. 작은 화를 다스리는 연습이 쌓이면 큰 위기에서도 중심을 잃지 않을 수 있다.

앞서 언급했듯이 리더십은 관계의 예술이다. 리더가 감정을 잘 다스릴 때, 팀은 안정 속에서 더 큰 성과를 낼 수 있고 위기 상황에서도 결속을 유지할 수 있다. 이와 반대로 리더가 감정에 휘둘릴 때, 팀은 불안정해지고 구성원들은 눈치를 보며 소극적으로 변한다.

화가 나는 것은 피할 수 없는 감정이지만, 화를 내느냐 다스리느냐는 전적으로 리더의 선택이다. 그 선택이 쌓여 리더만의 품격이 된다. 진정한 리더는 감정을 억누르는 사람이 아니다. 감정을 인정하되 휘둘리지 않고, 그 에너지를 건설적인 방향으로 전환할 줄 아는 사람이다. 그것이 진정한 리더십의 힘이다.

헌신과 겸손,
덕장의 조건

혈기가 앞서던 시절이었다. 그때 나는 합창 지휘자로서 단원들에 대한 배려가 많이 부족했다. 사람의 목소리는 그날의 컨디션과 감정에 따라 좋을 때도 있고 나쁠 때도 있다. 그렇지만 내게는 오로지 음악만이 중요했다. 앞만 보고 달려가면서 내가 생각하는 음악적 완성도에 부합하지 못하는 소리를 내는 단원이 있으면 그 자리에서 타박하고 상처 주는 말을 거침없이 했다. 그러다 보니 당연히 단원들 사이에 불만이 쌓여가기 시작했다.

이제 와서 아무런 소용도 없지만, '그때 조금 더 관심을 기울여 단원들의 상황을 살펴보고 격려했더라면 더 좋은 음악이 나오지 않았을까?' 하는 후회를 해본다. 내가 원하는 목표만 강요할

게 아니라 단원들 개개인의 역량과 개성을 고려해 세심하게 배려했다면 분명히 더 좋은 하모니를 이뤄낼 수 있었을 것이다.

물론 나도 해를 거듭할수록 지휘자로서 단원들과 호흡을 맞추는 데 점점 더 신경을 쓰기 시작했다. 그러면서 사람들의 '목소리'에 주의를 기울였다. 합창단원을 선발할 때 소프라노, 알토, 테너, 베이스 등의 파트를 나눠주기 위해 목소리를 테스트한다. 피아노 건반의 소리를 듣고 그 음에 맞춰 목소리를 내는 가벼운 테스트다.

이때 어떤 사람은 높은 소리는 쉽게 내지만 낮은 소리는 아예 내지 못한다. 높은 소리는 낼 수 없지만 바리톤 영역에서 훌륭한 소리를 내거나 베이스의 울림을 잘 표현하는 사람도 있다. 그때마다 목소리만으로도 저마다의 매력과 개성을 표현할 수 있다는 사실에 놀라곤 한다. 합창단에서는 높은 소리를 잘 내는 사람만 귀한 게 아니다. 각각의 파트로 하나의 아름다운 음악을 만들어내는 과정에서 모든 목소리가 다 소중하다.

합창단과 마찬가지로 기업의 조직도 다양하고 개성적인 역량을 가진 구성원들이 만들어내는 조화가 곧 성과로 이어진다. 그러므로 구성원 개개인의 장단점을 존중해주면서 그들이 진정성을 갖고 일할 수 있도록 배려해야 한다. 그러면 구성원들도 자신의 노동에 진정성을 부여하고 최선을 다할 것이다.

이 모든 과정에서 가장 중요한 미덕은 리더의 배려와 헌신이다. 큰 뜻과 목적을 가진 리더라도 이런 덕목을 갖추지 못하면 지속적인 영향을 미칠 수 없으며, 구성원들도 조직에 장기적으로 헌신하지 않는다.

헌신하지 않는 리더를 따르는 사람은 없다

조직을 '원팀'으로 이끌고 지속적으로 성장시키는 리더는 여러 미덕을 갖춰야 한다. 그중에서도 '배려'와 '헌신'은 인간 경영에서 가장 중요한 요소다. 사람은 누구나 공동체 안에서 자연스럽게 경쟁심을 갖게 되고, 그러면서 더 열심히 할 동기를 얻곤 한다. 나보다 더 주목받고 잘나가는 동료를 보면 그보다 더 잘해서 인정받고 싶은 마음은 인간 본연의 자연스러운 감정이다. 하지만 조직에서 과도한 경쟁력은 팀의 화합에 부정적인 영향을 미치고 협력과 창의성도 떨어뜨린다. "핵심 인재가 없어야 조직이 오래 갈 수 있다"는 말이 나오는 이유도 여기에 있다.

리더가 공동체의 일원으로서 진정으로 중요하게 생각해야 할 것은 구성원들 사이의 경쟁심을 어떻게 다루느냐다. 누군가를 이기기 위해 에너지를 소모하기보다는 오히려 동료의 성장을 건강한 자극으로 받아들여 나의 성장을 위한 발판으로 삼고, 더 큰 목표를 위해 함께 나아가는 것이야말로 공동체가 번영할 수 있는 길이다.

고전주의를 대표하는 오스트리아의 작곡가로 '교향곡의 아버지'라고 불리는 요제프 하이든(Joseph Haydn)은 이런 관점에서 매우 특별한 인물이다. 하이든은 탁월한 재능을 지녔음에도 불구하고 자신보다 다른 이들의 성공을 돕는 데 헌신한 리더였다. 그는 자기 지위나 명예에 집착하지 않았고, 오직 후배 음악가들의 성장을 위해 힘썼다. 그 가운데 가장 유명한 사례는 모차르트(Wolfgang Amadeus Mozart)와의 관계다.

하이든은 모차르트의 스승과도 같은 사람이었다. 그런데 그는 모차르트가 자신을 뛰어넘는 음악적 재능을 지녔다는 사실을 알면서도 시기하거나 질투하지 않았다. 오히려 모차르트의 음악적 재능을 존중했고, 그가 더욱 성장할 수 있도록 진심 어린 지원과 조언을 아끼지 않았다.

하이든이 니콜라우스 에스테르하지(Nikolaus Esterházy) 후작의 궁정에서 음악 감독으로 일했던 시절, 그는 후작의 칭송과 신뢰로 인해 궁정 내에서 질투의 대상이 됐다. 당시 악장은 하이든의 성공을 불편해하면서 그를 경쟁 상대로 여겼다. 하지만 하이든은 그 질투를 현명하게 극복하며 오히려 더 큰 성장의 계기로 삼았다. 무엇보다 그는 자신의 성공에만 집착하지 않았다. 다른 음악가들의 성장을 도우며 그들 역시 빛날 수 있도록 아낌없이 지원했다.

그 결과 궁정 내에서 더 깊은 존경을 받았다. 결국 하이든은 탁월한 음악적 재능뿐 아니라 구성원들을 위한 헌신과 협력을 통해 참된 리더로서 존경받는 인물로 남을 수 있었다. 그 덕분에 지금까지도 수많은 후예에게 위대한 능력과 자질을 칭송받으며 교향곡의 아버지로 자리매김하고 있다.

하이든이 보여준 헌신하는 리더로서의 면모는 오늘날에도 각 분야 리더들에게 큰 영감과 교훈을 준다. 그가 보여준 리더십의 핵심은 무엇이었을까? 권위를 앞세우거나 경쟁을 부추기는 게 아니라, 서로에 대한 배려와 헌신을 바탕으로 한 동반 성장이었다. 그는 리더란 타인을 빛나게 하는 데서 진정한 위대함이 발휘된다는 사실을 몸소 보여줬다.

"나는 항상 나를 나 자신보다 낮게 두었다. 나는 내 주변 사람들에게 내가 그들과 다르지 않음을 보여주고 싶었다."

하이든 자신의 말처럼 그는 겸손을 바탕으로 공동체에 헌신하면서 스스로 공동체의 질서를 따름으로써 권위를 얻었다.

이제 헌신하지 않는 리더를 따르는 사람은 없다. 과거에는 무조건 리더의 지시를 따라야 한다고 생각했을지 모르지만 지금은 그렇지 않다. 조직과 구성원들을 위해 솔선수범하지 않거나 헌신하지 않는 리더는 더 이상 설 자리가 없다. 그런 리더에게 자발적으로 헌신할 구성원도 없다.

리더십은 완벽이 아닌 겸손을 요구한다

축구나 야구 같은 스포츠 경기를 보면 심판이 경기를 바로 앞에서 지켜보고 있는데도 잘못된 판정을 내리는 경우가 종종 있다. 한 치의 실수도 없이 공정한 판정을 내려야 하지만, 심판도 인간이기에 완벽할 수는 없다. 요즘은 AI 기술의 도움으로 판정을 재확인해서 오류를 바로잡는 장면이 자주 나오곤 한다. 인간의 눈과 판단의 불완전함을 기술이 보완하는 시대다.

완벽한 사람은 없다는 사실은 우리에게 명확한 교훈을 던진다. 우리의 본능은 사람이 내리는 판단을 믿고 싶어 하지만 필연적으로 실수를 마주할 수밖에 없다. 그러면 어떡해야 할까? 아무도 믿으면 안 되는 걸까? 그 답은 의외로 단순하다. 사람은 누구나 실수하고 한계를 가진 존재임을 인정하는 것, 야기에서부터 진정한 신뢰가 시작된다.

리더에게 이 깨달음은 특히 중요하다. 리더는 공동체 안에서 방향을 제시하고 결정을 내리는 사람이지만, 자기 판단이 늘 옳다고 확신해서는 안 된다. 독단적인 판단이 가져올 문제점과 자신의 한계를 인정하고 공동체의 의견에 귀 기울이는 겸손함을 갖춰야 한다.

아무리 뛰어난 재능을 가진 리더라 해도 모든 순간 완벽할 수는 없다. 당연히 잘못된 결정을 내리거나 실수를 저지른다. 중요한 것은 그 실수를 어떻게 받아들이고 교정해나가느냐다. 내 능력만을 고집하며 독단을 고집하면 위기를 자초할 뿐이다. 자신의 한계를 솔직하게 인정하고 공동체의 지혜로 보완해나간다면 기대 이상의 결과를 만들어낼 수 있다.

리더십은 완벽을 요구하지 않는다. 겸손을 요구한다. 인간이란 원래 존재 자체가 불완전하다. 따라서 자신의 부족함을 인정하는 겸손한 태도와 끊임없는 자기성찰을 해나가는 과정에서 나와 조직 모두 성장할 수 있음을 깨달아야 한다. 리더가 한계를 인정하지 않으면 개선은커녕 나태해져서 무늬만 리더로 전락하게 된다. 자신의 부족함을 솔직히 인정하는 리더만이 팀원들에게 진정성과 신뢰를 줄 수 있다.

나는 완벽하지 않다는 생각이 가슴 속에 확실히 자리 잡고 있

어야만 더 인간적이고 친근한 리더가 될 수 있고, 팀원들로 하여
금 리더에게 더 쉽게 다가서도록 할 수 있다. 이렇게 형성된 신뢰
의 토대 위에서 조직은 더 개방적이고 협력적인 관계를 형성하
며, 이 과정에서 조화와 평온도 자연스럽게 이뤄진다.

리더가 자신과 조직의 불완전함을 받아들이고 그것을 개선하
려는 노력을 멈추지 않는다면, 자기 자신과 조직이 함께 성장할
수 있다. 그뿐만 아니라 진정성과 협력 그리고 유연성과 배려 등
리더십의 다른 핵심 요소들도 더불어 활성화되면서 더 건강하고
효과적인 조직 문화를 만들어나갈 수 있다.

진정한 회복과 성장은 상생의 길에서

처음 합창 교육이 시작됐을 때만 하더라도 대부분 기업에서는 교육으로 받아들이지 않았다. 분위기를 띄우는 레크리에이션 정도로 여길 뿐이었다. 그러다가 KBS 예능 프로그램 〈남자의 자격〉에서 합창대회를 준비하며 보여준 모습이 큰 전환점이 됐다. 제각각 다른 목소리를 가진 사람들이 합창단으로 하나가 되어 울고 웃으며 무대를 완성하는 과정이 시청자들에게 깊은 감동을 안겨줬다. 그때 기업들도 비로소 합창이 단순한 '오락'이 아니라 '교육'이 될 수 있음을 깨달았다.

나도 그때 확신이 들었다. 합창단에서 배운 소통과 화합, 조화와 균형의 원리를 일과 삶에도 그대로 적용할 수 있다는 확신이었다. 결과적으로 그 판단은 옳았다. 음악이라는 감성의 영역이 조직 운영과 무슨 관련이 있는지 의문을 품던 사람들이 많았지만, 소통하고 화합하는 조직 문화가 만들어지는 모습을 지켜보면서 점차 음악의 가치와 효용을 인정하기 시작했다. 처음에는 의

구심을 품던 사람들조차도 시간이 지나자 변화된 분위기 속에서 고개를 끄덕였다.

음악을 통한 감성 지능은 강력한 자아 개념과 타인과의 긍정적인 교감을 가능케 해준다. 이를 통해 조직은 더 효과적인 소통과 협력을 이끌어낼 수 있다. 나는 이 과정을 리더십 교육과 접목해 감성적인 접근으로 변화를 설계하고자 했다.

물론 의문은 여전히 남는다. AI 시대에 감성이 무슨 소용이 있느냐는 것이다. 실제로 많은 영역이 인공지능과 휴머노이드 로봇으로 빠르게 대체되고 있고, 사람의 자리는 점점 좁아지고 있다. 하지만 그렇기에 더욱 고민이 필요하다고 생각한다. 우리는 인간으로서 무엇을 포기하고 무엇을 지켜야 할지 스스로에게 진지하게 물어야 한다. 기계가 따라 할 수 없는 인간만의 고유한 영역은 무엇일까? 나는 그 답이 '감성'에 있다고 믿는다.

AI는 방대한 데이터를 분석해 통계를 내고 빠른 계산을 도출하는 데 뛰어나다. 논리와 분석에서는 이미 인간을 능가했다. 그렇다고 AI가 따뜻함과 감성을 지닌 인간 존재가 될 수는 없다. 감성 지능을 발휘해 공감하고 소통하고 협력하는 능력은 인간만이 가진 고유한 장점이다. 그리고 이 장점은 신뢰와 감정적 유대를 다루는 영역에서 결정적인 힘을 발휘한다.

앞으로 시대는 과거보다 훨씬 더 빠른 속도로 발전할 것이다. AI는 지금보다 훨씬 더 많은 영역에서 인간을 대체할 게 분명하다. 그렇다고 해서 인간이 설 자리가 모두 사라지는 것은 아니다. AI는 사람의 일, 그러니까 사람들 사이의 감정을 이해하거나 관계를 이끌어가는 일에는 명확히 한계가 있다.

바로 이 지점에서 우리는 답을 찾을 수 있다. AI의 강점은 받아들이되 인간만이 가진 공감 능력과 감성 지능을 더해 서로의 부족함을 채우면 된다. 두려워하거나 막으려고 하기보다 AI와 상호 보완적인 관계를 맺으며 함께 나아가면 새로운 가능성을 열 수 있다. 첨단 기술을 효과적으로 활용하고 AI와 협업하는 방식을 통해 더 큰 시너지도 이끌어낼 수 있다. AI는 인간의 능력을 보완하는 도구일 뿐이다. 중요한 것은 인간만이 발휘할 수 있는 공감과 감성의 힘이다.

공감할 줄 알고 감성을 나눌 줄 아는 사람은 도태되지 않는다. 오히려 함께 성장하며 더 나은 사회를 만들어갈 수 있다. 감성과 공감을 토대로 자신만의 강점을 개발한다면 언제 어디서든 대체 불가능한 존재가 될 것이다. 이것이야말로 우리가 미래를 준비하는 가장 확실한 길이다.

21세기 가장 영향력 있는 비즈니스 전략가로 불리는 세스 고딘(Seth Godin)은 《린치핀(Linchpin)》에서 AI가 대체할 수 없는 핵심 인재를 '린치핀'이라고 지칭했다. 본래 린치핀은 자동차 바퀴나 기계의 축을 고정하는 작은 핀을 말한다. 딱 들어맞는 용어가 아닐 수 없다. 수많은 톱니바퀴 중 하나가 아닌, 톱니바퀴를 연결하는 '주축'이다. 세스 고딘은 우리가 이 린치핀이 돼야 한다고 역설했다. AI가 대체할 수 없는 존재가 되기 위해서는 세상을 창조하는 '예술가'가 돼야 한다.

이 메시지는 분명하다. 현대 사회에서 영향력을 발휘하는 사람이 되려면 데이터와 논리만으로는 안 된다. 인간만이 보여줄 수 있는 공감과 감성이 필요하다. 감성은 단순히 개인의 특성이 아니라, 서로를 이해하고 지탱하며 공동체를 움직이게 하는 힘이다. 공감과 감성이야말로 개인의 회복과 사회의 성장을 동시에 가능케 하는 가장 소중한 자원이다.

드라마 〈스토브리그(Stove League)〉를 흥미롭고 진지하게 시청했는데, 마지막 화 엔딩 크레딧에 나온 문구가 오래도록 기억에 남았다.

"강한 사람이 아니어도 괜찮습니다. 우리는 서로 도울 거니까
요."

완벽하지 않아도, 빠르지 않아도, 괜찮다. 우리에게는 서로가
있기 때문이다. 진정한 회복은 나 혼자 잘 사는 데 있지 않고, 서
로를 살리고 북돋는 '상생'의 길에서 시작된다.

지휘자의 소통법

초판 1쇄 2026년 2월 27일

지은이 김진수
펴낸이 허연
편집장 유승현

편집부 정혜재 김민보 고병찬 이예슬 장현송 민경연
마케팅 한동우 박소라 김영관
경영지원 김정희 오나리
디자인 김보현 한사랑

펴낸곳 매경출판㈜
등록 2003년 4월 24일(No. 2-3759)
주소 (04557) 서울시 중구 충무로 2(필동1가) 매일경제 별관 2층 매경출판㈜
홈페이지 mkbook.mk.co.kr   **스마트스토어** smartstore.naver.com/mkpublish
페이스북 @maekyungpublishing   **인스타그램** @mkpublishing
전화 02)2000-2630(기획편집) 02)2000-2646(마케팅) 02)2000-2606(구입 문의)
팩스 02)2000-2609 **이메일** publish@mkpublish.co.kr
인쇄·제본 ㈜M-print 031)8071-0961
ISBN 979-11-6484-863-8(03320)

MAESTRO

LEADERSHIP